U0883364

精神之光 照亮奋进路

——中国中铁"开路先锋"精神实例

袁蓉生 著

中南大學出版社
www.csupress.com.cn
·长沙·

序言

PREFACE

习近平总书记指出：“精神是一个民族赖以长久生存的灵魂，唯有精神上达到一定的高度，这个民族才能在历史的洪流中屹立不倒、奋勇向前。”

习近平总书记强调：“要教育引导全党大力发扬红色传统、传承红色基因，赓续共产党人精神血脉，始终保持革命者的大无畏奋斗精神，鼓起迈进新征程、奋进新时代的精气神。”

党的十八大以来，习近平总书记在重要讲话中多次肯定了大庆精神、“两弹一星”精神、载人航天精神、新时代北斗精神、载人深潜精神等国有企业先进精神。这是国资国企战线特别是中央企业的崇高荣誉。

党的事业发展需要坚实的物质基础，社会主义国家政权的巩固需要有力的经济支撑。国有企业特别是中央企业是党一手缔造的，是中国特色社会主义的重要物质基础和政治基础，党执政兴国的重要支柱和依靠力量。国有企业自诞生的那一天起，就被打上了深深的红色烙印，注入了鲜亮的红色精神。

在党的坚强领导下，国有企业从无到有、从小到大、从弱到强，充分发挥国有企业党建政治优势，为建立、巩固和发展中国特色社会主义提供了重要物质基础和政治基础，为我国经济社会发展、科技进步、国防建设、民生改善和增强国际影响力，做出了不可磨灭的历史性突出贡献，有力保障了国家近期目标与远景目标的有效实施，为全面实现中华民族伟大复兴奠定了坚实的基础。

在为党和国家事业发展建立卓越功勋的同时，国有企业也先后孕育锻造了人民兵工精神、“两弹一星”精神、大庆精神、铁人精神、载人航天精神等一系列先进精神。这些在不同历史时期孕育凝结的宝贵先进精神财富，不仅是中国共产党人精神谱系的重要组成部分，也塑造了国企精神的内核与精髓是红色基因的独特禀赋特征，充分展现了几代国企干部职工艰苦奋斗、牺牲奉献、开拓进取的优秀品格和精神气概。这是国有企业在继承和发扬中华民族优秀文化传统和中国共产党人的革命精神基础上，对兴企强国富民、实现民族复兴的经营管理实践经验所做的文化积淀与精神升华。

在新时代推进中国特色社会主义伟大事业，实现中华民族伟大复兴的新征程上，国有企业的地位和作用更加突出，承担的责任和使命更加艰巨，决定了国有企业的高质量发展更需要凝聚攻坚克难、奋勇前进、勇争一流的强大精神力量，更需要传承听从号令、忠诚担当、拼搏奉献的红色基因，更需要不断总结、持续凝练、升华推出新的先进国企精神。

本论著梳理了国有企业先进精神发展历程，解码国有企业蕴含的先进精神，实例中央建筑施工企业——中国中铁股份有限公司“开路先锋精神”的传承与践行，并进一步探寻了国有企业在高质量发展新征程上，如何传承先进精神，奋进新时代的路径。全书正文部分由三大篇章、九个小章节构成。

第一章为从初心使命解码国有企业蕴含的先进精神。分别从“国有企业的使命担当”“国有企业在各个历史时期形成的不同先进精神”“解码国有企业蕴含的光荣红色基因”这三个小节，逐步解读、深入阐述，解码指出国有企业在不同历史时期孕育凝结的先进精神，是中国共产党人精神谱系的重要组成部分，蕴含的“爱国、奉献、奋斗、专业、创新”精神，就是始终不忘初心、牢记使命，始终成为中国特色社会主义的重要物质基础和政治基础，我们党执政兴国的重要支柱和依靠力量。

第二章为从开路先锋精神探寻国企先进精神在中国中铁的传承与践行。分别从“中国中铁：永远的开路先锋”“开路先锋精神：中国中铁的红色基因”“高擎开路先锋大旗的中国中铁骨干成员企业”这三个小节，以实例形式分析阐述了百年中央建筑施工企业——中国中铁股份有限公司的形成、发展、壮大，以及红色基因“开路先锋精神”的丰富内涵，在企业的传承与践行，进一步论证国有企业的红色基因传承和初心使命担当。

第三章为赓续先进精神奋进新时代国企高质量发展新征程。分别从“国务院国资委：全方位总体部署安排落实”“中国中铁：永葆初心　勇担使命　争创一流业绩”“新时代先进精神：守正创新　持续传承”这三个小节，探寻在新时代推进中国特色社会主义伟大事业，实现中华民族伟大复兴的新征程上，国有企业如何赓续先进精神，助推实现高质量发展，切实担负起新的历史使命和责任担当。

坚持党的领导，是我国国有企业的光荣传统和独特优势，是国有企业的“根”和“魂”。传承红色基因是强根铸魂的根本，是国有企业的重大责任和光荣使命。只有将红色基因传承下去并发扬光大，才能使国有企业保持本色不变，底色鲜红，始终成为中国特色社会主义的重要基础和党执政兴国的强大支柱与依靠力量。

有中国共产党的坚强领导，有习近平新时代中国特色社会主义思想的全面指引，在实现中华民族伟大复兴的新征程上，国有企业的先进精神必将绽开新的灿烂之花，谱绘新的乐章。

编著者

2022年10月

前言

FOREWORD

伟大的事业呼唤伟大的精神，顽强的奋斗孕育伟大的精神。截至2021年，光荣伟大正确的中国共产党已经成立一百周年。

从1921年到2021年，回首一百年来，中国共产党筚路蓝缕奠基立业，创造辉煌开辟未来，饱经磨难而生生不息，饱尝艰辛而风华正茂。在领导革命、建设、改革的实践中，带领全体中国人民进行伟大斗争，一路披荆斩棘，实现了中华民族从站起来、富起来到强起来的伟大飞跃，锻造出了具有鲜明特色与时代特点的中国共产党人精神，形成了内涵丰富的中国共产党人精神谱系。这些精神深深融入共产党人红色血脉中，刻画成绵延厚重的精神谱系，成为解读百年大党长盛不衰的基因密码；这些精神历经淬炼，烙印成独特的红色基因，为党的事业发展壮大提供了源源不断的精神动力和价值滋养。

中国共产党人精神之红色基因的人民性特征，提供了百年历史实践中始终践行初心使命的力量源泉；中国共产党人精神之红色基因的斗争性特征，激发出不畏艰险进行伟大斗争的强大战斗力；中国共产党人精神之红色基因的实践性特征，为领导中国革命，建设和改革取得伟大胜利提供了坚实的基础；中国共产党人精神之红色基因的创新性特征，为中国共产党把握时代脉搏开拓奋进明确了方向。

党的历史是最生动、最有说服力的教科书。党的十八大以来，以习近平同志为核心的党中央高度重视学习党的历史，高度重视红色基因的传承。习近平总书记饱含深情地指出：“回望过往历程，眺望前方征途，我们必须始终赓续红色血脉，用党的奋斗历程和伟大成就鼓舞斗志、指引方向，用党的光荣传统和优良作风坚定信念、凝聚力量，用党的历史经验和实践创造启迪智慧、砥砺品格，继往开来，开拓前进，把革命先烈流血牺牲打下的红色江山守护好、建设好，努力创造不负革命先辈期望、无愧于历史和人民的新业绩。”

红色江山，热血铸就；红色基因，代代相传。今天，中国特色社会主义现代化建设跨步进入新时代。以伟大建党精神为源头和核心的红色基因生生不息地流淌在全党的精神血脉中，体现在党领导人民圆满完成第一个百年奋斗目标和进军第二个百年征程的各个领域、各条战线上，在实现中华民族伟大复兴强国道路上，共产党人精神血脉里不断赓续着红色基因，奔涌出伟大复兴力量，创造一个又一个人类奇迹。

目录

CONTENTS

第一章

从初心使命解码国有企业蕴含的先进精神

习近平总书记强调，要通过加强和完善党对国有企业的领导，加强和改进国有企业党的建设，使国有企业成为党和国家最可信赖的依靠力量；成为坚决贯彻执行党中央决策部署的重要力量；成为贯彻新发展理念、全面深化改革的重要力量；成为实施“走出去”战略、“一带一路”建设等重大战略的重要力量；成为壮大综合国力、促进经济社会发展、保障和改善民生的重要力量；成为我们党赢得具有许多新的历史特点的伟大斗争胜利的重要力量。

党的十九大报告指出：实现“两个一百年”奋斗目标、实现中华民族伟大复兴的中国梦，不断提高人民生活水平，必须坚定不移把发展作为党执政兴国的第一要务，坚持解放和发展社会生产力，坚持社会主义市场经济改革方向，推动经济持续健康发展。

国有企业特别是中央企业是党一手缔造的。在社会主义建设时期和改革开放时期，特别是改革开放以来，国有企业发展取得了巨大成就，为我国经济社会发展、科技进步、国防建设、民生改善做出了历史性贡献，功勋卓著，也孕育锻造了一系列国有企业先进精神。

新时代、新发展。弘扬国有企业先进精神，必须不忘初心、使命担当，勇于主动把国有企业改革发展放到党和国家发展大局中、放到实现中华民族伟大复兴的实践中，去思考、去把握、去推进，奋力开创新的辉煌。

第一节　国有企业的使命担当

国有企业是中国特色社会主义的重要物质基础和政治基础，是新时代推进中国特色社会主义伟大事业，实现中华民族伟大复兴的重要支柱和依靠力量，它在巩固党的执政地位和推动我国经济发展方面发挥着极其重要的作用。

科学认识国有企业在我国经济社会生活中的重要地位和主导作用，对于坚持和完善社会主义基本经济制度，毫不动摇巩固和发展公有制经济，毫不动摇鼓励、支持、引导非公有制经济发展，推动科学发展、促进社会和谐、实现中华民族伟大复兴奋斗目标，具有重要意义。

国有企业的重要地位

党的十九届五中全会审议通过的《中共中央关于制定国民经济和社会发展第十四个五年规划和二〇三五年远景目标的建议》明确指出，深化国资国企改革，做强做优做大国有资本和国有企业。加快国有经济布局优化和结构调整，发挥国有经济战略支撑作用。加快完善中国特色现代企业制度，深化国有企业混合所有制改革。健全管资本为主的国有资产监管体制，深化国有资本投资、运营公司改革。

党的事业发展需要坚实的物质基础，社会主义国家政权的巩固需要有力的经济支撑。在新时代开展伟大斗争、建设伟大工程、推进伟大事业、实现伟大梦想，都离不开国有企业的发展和壮大。国有企业涉及国计民生的各个方面，在国民经济发展中起着基础性、主干性、支撑性和引领性作用。国有企业承担着重大政治责任和社会责任，是国家安全特别是政权安全和制度安全的柱石，也是确保人民实现美好生活需求的保障。

回望历史，国有企业为我国国家政权巩固和经济社会发展立下了不朽功勋，为坚持和发展中国特色社会主义做出了不可磨灭的突出贡献。作为共和国的长子，中华人民共和国成立以来特别是改革开放以来，国有企业发展取得了巨大成就。数以万计的国有企业为中国综合国力提高和社会经济发展做出卓越贡献，一代又一代国企人为中国特色社会主义事业历尽千辛万苦、付出巨大牺牲。国有企业为我国经济社会发展、科技进步、国防建设、民生改善做出了历史性贡献，功勋卓著，功不可没。中国特色社会主义进入新时代，更离不开国有经济的成长、壮大和发展。

作为国民经济的主导力量和社会主义经济的重要支柱，无论是中央企业还是地方国有企业，在国民经济和地方经济中都占有绝对优势，国有企业是维护和巩固社会主义公有制性质、引领国家经济发展的主导力量。国有企业不但提供了煤炭、石油、电力、钢铁等基础能源，承担着生产公共产品、建设重大工程项目、推动国家技术创新等职责，而且还肩负着优化产业结构、引领经济发展、带动其他所有制经济健康发展的重任，是推动经济发展当之无愧的主力军、排头兵和突击队。

党的十八大以来，以习近平同志为核心的党中央从党和国家的大局出发，在系统总结国有企业改革已有经验的基础上，创造性地提出进一步推进我国国有企业改革和发展的一系列新观点新论断新思想，深刻回答新时代要发展和壮大什么样的国有企业、怎样发展和壮大国有企业的重大问题。这是推动新时代国有企业改革和发展的行动指南，也是建设中国特色现代国有企业制度的顶层设计和行动纲领。

2014 年 8 月 29 日，习近平总书记在主持召开中共中央政治局会议时指出，国有企业特别是中央管理企业，在关系国家安全和国民经济命脉的主要行业和关键领域占据支配地位，是国民经济的重要支柱，在我们党执政和我国社会主义国家政权的经济基础中也是起支柱作用的，必须搞好。

2016 年 10 月 10 日，习近平总书记在全国国有企业党的建设工作会议上发表重要讲话，在国有企业发展史上具有划时代的里程碑意义。习近平总书记的重要讲话，站在时代和全局高度，深刻回答了国有企业还要不要、国有企业要不要加强党的建设、怎样加强党的建设等一系列重大理论和实践问题，系统总结国有企业发展成就和经验，创造性提出了推进国有企业改革发展的一系列新观点新论断新思想，深刻阐明了为什么要做强做优做大国有企业、怎样做强做优做大国有企业这个重大时代命题，为坚定不移做强做优做大国有企业、夯实党的执政基础提供了强大的理论武器、科学行动指南、根本工作遵循。

2017 年 10 月 27 日，习近平总书记在党的十九大报告中宣告，经过长期努力，中国特色社会主义进入了新时代，这是我国发展新的历史方位。强调要完善各类国有资产管理体制，改革国有资本授权经营体制，加快国有经济布局优化、结构调整、战略性重组，促进国有资产保值增值，推动国有资本做强做优做大，有效防止国有资产流失。深化国有企业改革，发展混合所有制经济，培育具有全球竞争力的世界一流企业。

可以说，习近平总书记关于国有企业是中国特色社会主义的重要物质基础和政治基础的重要论述，特别是“六个力量”的重要论断，深刻揭示了国有企业在党和国家事业发展全局中的战略地位，全面阐释并充分肯定国有企业在我国经济社会发展和中华民族伟大复兴中的重要作用，给国有企业挺直腰板改革、发展指明了方向，为新时代坚定不移理直气壮做强做优做大国有企业，提供了强有力的精神动力和理论支撑，具有重大的实践意义、战略意义、理论意义和重要的指导意义。

国有企业的功能属性

国有企业，由国家对其资本拥有所有权或者控制权，政府的意志和利益决定了国有企业的行为。作为一种生产经营组织形式，国有企业同时具有商业类和公益类的特点，其商业性体现为追求国有资产的保值和增值，其公益性体现为国有企业的设立通常是为了实现国家调节经济的目标，起着调和国民经济各个方面发展的作用。

——国有企业的定义分类。按《中华人民共和国企业法人登记管理条例》规定，中国的国有企业，是指中国国务院和地方人民政府分别代表国家履行出资人职责，国有资产投资或持股超过 50% 的国有独资企业、国有独资公司以及国有资本控股公司，包括中央和地方国有资产监督管理机构和其他部门所监管的企业本级及其逐级投资形成的企业，并具有一定的行政性。

按照国有资产管理权限划分，国有企业分为中央企业和地方企业，即由中央政府监督管理的国有企业和由地方政府监督管理的国有企业。两者区别在于：中央企业属于国有企业范畴，但不是所有的国有企业都是中央企业。

中央企业，是指由中央人民政府（国务院）或委托国有资产监督管理机构行使出资人职责，领导班子由中央直接管理或委托中央组织部、国务院国资委或其他等中央部委（协会）管理的国有独资或国有控股企业，在如航天航空、科工、核电、船舶、兵器、电子科技、石油燃气等关系国家安全和国民经济命脉的主要行业和关键领域占据支配地位，是国民经济的重要支柱。其中极少数中央企业在国家社会经济发展过程中所承担的责任较为特殊，归属于国务院直属管理，属于正部级。

地方国有企业，一般泛指国有资本（地方国资委、财政）控股、参股或独资，其投资行为由地方政府的意志和利益决定的企业，如水利、电力、建筑、化工等行业，属于非垄断资源型企业，并且允许民营优质企业投资合作。

按照出资人不同，中央企业可以分为国务院国资委履行出资人职责、财政部履行出资人职责。目前一共分为四大类，分别为：实业类、金融类、文化类以及行政类。截至 2021 年 12 月 24 日，国务院国资委履行出资人职责的中央企业共 97 家。

——国有企业的功能属性。社会主义国家的国有企业与资本主义国家的国有企业的根本不同在于，其不仅是社会主义制度和重要物质基础的载体，也是实现社会主义优越性的重要手段，更是社会主义国家发展经济最重要的中坚依靠力量。

在我国统筹推进“五位一体”总体布局和协调推进“四个全面”战略布局中，国有企业更是厚植中国特色社会主义制度优势、践行五大发展理念、推进国家现代化建设、保障和提高人民福祉的重要支柱和保障。

从制度功能属性看，国有企业是社会主义制度的重要物质载体。国有企业是生产资料社会主义公有制的物质载体和主要且重要的实现形式，是生产资料社会主义公有制表象与实质的统一体。我国宪法明确规定社会主义制度是中华人民共和国的根本制度，社会主义经济制度的基础是生产资料公有制。因此，国有企业的存在，是我国社会主义制度本质的内在反映和必然选择。党的十八届三中全会指出：“公有制为主体，多种所有制经济共同发展的基本经济制度，是中国特色社会主义制度的重要支柱，也是社会主义市场经济体制的根基。”“国有企业属于全民所有，是推进国家现代化、保障人民共同利益的重要力量。”《中华人民共和国公司法》第四条规定：公司股东依法享有资产收益、参与重大决策和选择管理者等权利。从产权归属的角度，国有企业必须代表全体人民的利益，承担全民赋予的所有责任。这是国有企业的根本属性。

从经济功能属性看，国有企业是实现我国经济发展的最重要的依靠力量。企业作为国民经济的细胞，作为独立的经济实体，它的最根本的任务就是按照现代企业的模式，科学、合理地组织生产和经营活动。国有企业首先是一个经济实体，是一个经济组织而不是政治组织或其他群团组织，因此，经济功能是国有企业最主要的功能。同时，生产资料公有制决定了国有企业是社会主义国家发展经济、进行物质生产活动应采取的基本方式。作为国家经济发展的主力军，国有大中型企业事实上已成为我国的重要经济基础，特别是国有独资公司，以及掌握着国民经济命脉的基础性行业、先导性行业、支柱性行业，包括金融业在内，在国民经济运行中都发挥着重要的作用，在关系国家安全、国民经济命脉和重要国计民生领域占据主导地位。不仅仅是市场经济条件下国家实施宏观调控的需要，更重要的是巩固社会主义制度、促进地区发展平衡、保证国家政治经济正确的发展方向、维护国家安全的必然选择。

从社会功能属性看，国有企业是实现社会主义制度优越性的重要手段。作为公有制最主要实现形式的国有企业，极大地促进了生产力的发展，为社会提供了不断增长的物质文化生活需要的产品，满足了广大人民的物质文化生活需求，提高了人民的福祉，有力地促进了社会的发展，推动了社会的进步。企业的持续发展，为大多数人提供了劳动就业机会，人人享有平等劳动权和发展权，为社会稳定和发展做出了应有的贡献。同时，国有企业还履行社会责任，在应急抢险救援、疫情防控阻击、精准脱贫攻坚等重大任务中，勇于担当、主动作为，充分发挥“主力军”“排头兵”作用，彰显国有企业的责任和担当。

从政治功能属性看，国有企业是党执政兴国的重要支柱和依靠力量。习近平总书记强调，国有企业是中国特色社会主义的重要物质基础和政治基础，是我们党执政兴国的重要支柱和依靠力量。坚持党的领导、加强党的建设，是我国国有企业的光荣传统，是国有企业的“根”和“魂”，是我国国有企业的独特优势。这一重要论断生动阐明了国有企业党的建设工作的极端重要性，同时也指明了国有企业当在改革发展中坚守的“初心”和“使命”。

作为中国特色社会主义重要的物质基础和政治基础，国有企业的初心和使命是为职工谋幸福、为企业谋发展、为社会创财富，成为坚持党的全面领导的顶梁柱，成为维护国民经济稳定的压舱石，维护国家经济安全的桥头堡，参与国际竞争的排头兵，促进共同富裕的主力军。坚持党的领导、加强党的建设，是国有企业产权属性与党组织根本属性的内在统一。在发展和改革进程中，国有企业党组织有力地保证了党的方针、政策、路线的贯彻和执行，为巩固国家的政权和社会主义制度发挥着不可替代的作用。

——国有企业的改革发展。国企改革是个长期、艰难的探索过程。改革开放以来，国企改革的步伐从未停止过。

在 1978 年改革开放前，乃至 20 世纪末，国有企业一直是政府支持和扶植的对象。国有企业的建立，其中政府税收的很大部分都投入到国有企业中，大量的国有企业因此建立和出现，有的国有企业还是由原来的政府部门转变而来的，如中国电信、中国移动，原来是邮电部，改为电信局，后来在 20 世纪 90 年代末 21 世纪初改组成为中国电信、中国移动等电信企业。如中国国家铁路集团有限公司，原来是铁道部，后来于 2014 年改为中国铁路总公司，2019 年 6 月 18 日，经国务院批准同意，再改制成立中国国家铁路集团有限公司。

自 1984 年城市经济体制改革启动，到 1998 年开始改革攻坚期间，企业承包经营责任制全面推行，一些重大改革措施，如国有中小企业改制、公司制股份制改革、企业破产的操作、建立再就业中心托管下岗职工等也开始探索或试点。

随着其他所有制企业快速发展、市场竞争日趋激烈，国有企业逐渐面临严峻挑战。到 1997 年，国有独立核算工业企业中亏损企业的亏损额比 1987 年上升十多倍，相当一部分企业不能正常发放工资和退休金。

1998 年至 2002 年，国企改革在三方面实现了突破：通过国有中小企业改革，上百万家国有、集体中小企业改制退出公有制序列；通过国有大中型困难企业的政策性关闭破产，5000 多户扭亏无望的困难企业退出市场；通过再就业中心和基本保障线政策，托管、安置了近 3000 万下岗职工，建立了国企职工可以流动的机制。

公司制是现代企业制度的有效组织形式。推进国有企业公司制改革，主要是指将传统的全民所有制企业改制为符合现代企业制度要求、规范的公司制企业并根据中国特色现代企业制度要求，不断完善公司治理、建立市场化经营机制。

在体制机制上，国有企业积极推进公司制改革，促进企业建立规范的法人治理结构。同时，股份制改革和境内外上市有力促进了企业经营机制的转换，完善了法人治理结构，提高了市场化、国际化运营水平。

在布局优化上，国有企业围绕做强做大主业，积极开展调整重组，缩短管理链条，改制分离辅业，释放了国有资本的活力。在企业自愿的基础上，一些产业关联度高、具有优势互补和战略协同效应的国有企业进行了联合重组，增强了国有资本的影响力和控制力。

在解决包袱上，国有企业积极推进主辅分离辅业改制工作，在做强做大主业的同时，利用辅业资产，妥善解决国有企业冗员过多的问题；加快推进分离企业办社会职能，逐步实现国有企业离退休人员社会化管理，切实减轻国有企业的社会负担；妥善处理好改革发展和稳定的关系，完善社会保障制度，综合配套推进各项改革。

2003 年 3 月，根据第十届全国人民代表大会第一次会议批准的国务院机构改革方案和《国务院关于机构设置的通知》，国务院撤销中共中央企业工作委员会，成立国务院国有资产监督管理委员会，为正部级。它的成立，改变过去政府直接管理企业的职能，从机构设置上实现政企分开、政资分开，以保证国有资产保值增值的责任得到落实。此后，中央、省、市三级国有资产监管机构基本建立。

2015 年 8 月 24 日，中共中央、国务院印发了《关于深化国有企业改革的指导意见》(以下简称《指导意见》),《指导意见》共分 8 章 30 条，从改革的总体要求到分类推进国有企业改革、完善现代企业制度和国有资产管理体制、发展混合所有制经济、强化监督防止国有资产流失、加强和改进党对国有企业的领导、为国有企业改革创造良好环境条件等方面，提出了具体要求。

2020 年，国家启动“国企改革三年行动”明确提出，要全面完成国有企业公司制改革。截至 2021 年年底，中国国有企业公司制改革基本完成，中央党政机关和直属事业单位所管理企业中公司制企业占比 97.7%，地方国有企业中公司制企业占比 99.9%，实现了历史性突破。

国有企业的丰功伟绩

回顾国有企业的发展史，作为共和国的长子，中华人民共和国成立以来特别是改革开放以来，数以万计的国有企业持续艰苦创业、不懈努力奋斗，为巩固人民民主专政的国家政权、坚持和发展中国特色社会主义经济社会发展立下了不朽功勋。一代又一代国企人历尽千辛万苦、付出巨大牺牲，为我国经济社会发展、科技进步、国防建设和民生改善做出了不可磨灭的历史性突出贡献，有力保障了国家近期目标与远景目标的有效实施，为全面实现中华民族伟大复兴奠定了坚实的基础。

——坚持党的初心、使命的担当者和维护者。一部国有企业发展史，就是一部坚持党的领导、加强党的建设的光荣历史。国有企业从无到有、从小到大、从弱到强，在党的坚强领导下，充分发挥国有企业党建政治优势，为建立、巩固和发展中国特色社会主义提供了重要物质基础和政治基础。

20 世纪 90 年代后期，为实现国有企业三年脱困，我国采取“抓大放小”，推进国有企业战略性重组、国有经济布局和结构调整等改革举措。国有企业通过积极探索与市场经济相融合的有效途径和方式，逐步发展成为独立市场主体，总体上实现了与市场经济相融合，逐步摆脱大面积亏损的状态，步入新的市场化发展阶段，自身综合实力、市场竞争力等取得长足进步，走出了一条崭新的中国特色国有企业发展之路，也有力带动和促进了非公有制经济共同发展。

以国务院国资委监管的中央企业为例，资产从 8.3 万亿元到 2018 年的 54.5 万亿元，年均增长近 15%；营业收入从 24.4 万亿元到 29.1 万亿元，年均增长近 14%；利润总额由 3005.9 亿元增长至 1.7 万亿元，年均增长近 12%；上缴税费总额由 3563.1 亿元增长至 2.2 万亿元。党的十八届三中全会指出，“国有企业总体上已经同市场经济相融合”，充分说明了国有企业通过转机建制，完全可以接受市场竞争的考验，在市场竞争中实现国有资本保值增值。

做强做优做大新时代国有企业，形成一批世界级企业，有力彰显中国特色社会主义制度的优越性。党的十八大以来，以习近平同志为核心的党中央高度重视发展国有经济，高度重视国有企业改革，出台《中共中央、国务院关于深化国有企业改革的指导意见》等一系列政策措施，成为新时代国企改革遵循的重要指导原则。习近平总书记亲自谋划、亲自部署、亲自指挥，推动国有企业在做强做优做大的道路上迈出坚实步伐、取得显著成效。

推进一些重要领域和关键环节的改革取得明显进展。中央企业的公司制改革已全面完成，已有 80 多家央企建立了规范的董事会，进一步筑牢了企业市场化基础；中央企业在产权层面已与社会资本实现了较大范围的混合，半数以上的国有资本集中在公众化的上市公司，重点领域混改也迈出了实质性步伐；充分发挥主体产业引领作用，通过自身高质量发展带动民营经济发展，在一般竞争性领域同民营企业相互促进，做强做大所在领域和产业……

坚决果断落实国家重大战略，充分发挥主力军作用。积极服务京津冀协同发展、长江经济带发展、粤港澳大湾区建设、长三角区域一体化发展、海南全面深化改革开放、黄河流域生态保护和高质量发展等区域重大战略；扎实推动西部大开发、东北全面振兴、中部地区崛起、东部率先发展等区域协调发展战略，区域发展协调性稳步提升；高质量共建“一带一路”，建成了港珠澳大桥、白鹤滩水电站、“深海一号”油气田、张北柔直电网工程等标志性重大工程；全力推进科技自立自强，取得了以载人航天、探月工程、北斗导航、5G 应用、国产航母等为代表的一批具有世界先进水平的重大成果，为保障我国国防安全、实现独立自主提供了坚实保障。

坚强有力服务社会、保障民生，充分发挥顶梁柱作用。在公共服务领域，如粮棉储备、城市供水供电供气、公共交通等领域，中央和地方国有企业提供了较为全面的基础服务；全力做好“百县、千亿、万点”扶贫攻坚任务，国资央企定点帮扶的248个国家扶贫工作重点县全部脱贫摘帽，累计投入和引进帮扶资金近千亿元，1.2万个各类扶贫点全部脱贫出列；在抗击新冠肺炎疫情的斗争中，国有企业以实际行动彰显了自身的使命担当，在完成经济任务的基础上，做到了维护社会整体利益，履行社会责任，持续创造社会价值。

除了提供维护国家安全、提供基础公共产品和服务外，国有企业还在我国反经济周期、稳定就业、保持宏观经济稳定中承担着重任。2021年，我国城镇新增就业1269万人，达到1100万人以上的预期目标；全国城镇调查失业率平均为5.1%，低于5.5%左右的预期目标。全国居民人均可支配收入比上年实际增长8.1%，两年平均增长5.1%，与经济增长基本同步。在推动高质量发展过程中，人民群众的获得感、幸福感、安全感不断增强。国有企业的发展壮大切实履行了发展为了人民、发展依靠人民、发展成果由人民共享，不断实现人民对美好生活的向往的担当与责任。

——国民经济健康发展的压舱石和顶梁柱。经过多年接力探索，特别是改革开放40多年来的改革与制度创新，我国国有企业真正成为依法自主经营、自负盈亏、自担风险、自我约束和自我发展的独立市场主体，经济实力不断迈上新台阶，为全社会创造和积累了巨大财富，为我国经济取得巨大成就、经济实力大为增强、产业体制更为健全做出了巨大贡献。如今我国建立起了涵盖从一般的民用轻工业类，到关系未来的生物、信息、工程、新材料、新能源、人工智能等从低到高的全行业国民经济体系。不仅能生产日常生活用品、高质量的高端电器，更能制造具有世界科技先进水平的重工业产品，而且产值规模高居世界第一。如今，我国成为全球唯一拥有联合国产业分类中全部工业门类的国家，并在此基础上实现国民经济各产业全面发展，为国家经济安全和独立提供了坚实的基础。

中华人民共和国成立之初，我国经济基础极为薄弱。1952年，国有工业企业利润总额仅为28.2亿元，固定资产原值为149亿元；1978年至2018年间，全国国有企业营业收入、利润总额分别实现年均增长11.9%和10.3%；2018年，全国国有企业资产总额、所有者权益分别达到1978年的247.1倍和130

倍，成为国民经济持续健康发展中的中流砥柱。

2021 年，全面建成小康社会，历史性地解决了绝对贫困问题。我国经济总量和人均水平实现新突破，经济规模突破 110 万亿元，达到 114.4 万亿元；人均 GDP 达到 80976 元，按年平均汇率折算达 12551 美元，超过世界人均 GDP 水平。

“十三五”时期，中央企业利润总额年均增长 8.8%，期末资产总额达到 68.8 万亿元；累计上缴税费近 10 万亿元、上缴国有资本收益 4135 亿元，向社保基金划转国有资本 1.2 万亿元；通信企业累计降费让利约 7000 亿元，电力企业降低全社会用电成本约 4000 亿元。

“十四五”开局之年，面对百年变局和世纪疫情交织，以习近平同志为核心的党中央及时做出我国经济发展进入新常态的重大判断，形成以新发展理念为指导、以推动高质量发展为主题、以推动供给侧结构性改革为主线的经济建设部署，统筹疫情防控和经济社会发展，不断加强和改善宏观调控，积极做好“六稳”“六保”工作，我国经济发展和疫情防控保持全球领先地位，经济发展稳中求进、稳中有进的趋势性特征更加明显，实现“十四五”良好开局。

——**融入全球经济发展的引领者和开拓者。**经过多年发展，我国实体经济无论是总量规模还是结构质量，都取得了巨大成就，创造了世界奇迹。制造业增加值连续 12 年位居全球首位，220 多种工业品产量世界第一，是全世界唯一拥有联合国产业分类中全部工业门类的国家，“中国制造”在全球产业链、供应链中的影响力持续攀升，成为中国由经济大国走向经济强国最大的底气所在。

自强不息、自主创新不等于闭门造车。国有企业的发展进步，离不开在更深层次、更宽领域、更高水平融入全球经济。从改革开放初期的基本从零起步，到 2020 年底，中央企业境外单位近万户、资产总量超过 7 万亿元。被肯尼亚人民亲切称为“世纪铁路”的蒙内铁路，华龙一号海外首个巴基斯坦卡拉奇 K-2 项目……随着“一带一路”建设加快推进，基础设施、产能合作等领域一批标志性工程由中国国有企业勇于担纲，有力提升了我国在国际舞台的话语权。

国家经济竞争力主要表现为大企业的国际竞争力，我国的世界经济竞争力目前主要由国有企业，特别是中央企业而体现。美国《财富》杂志 1995 年开始发布同时涵盖工业企业和服务性企业的“世界500强企业”排行榜时，世界贸易组织刚刚成立，中国开始深化改革扩大开放。到1997年，中国大陆只有4家企业进入这个排行榜。2001年中国加入世界贸易组织，当年进入排行榜的中国企业为12家，以后逐年迅速增加。到了2020年，中国(含港、澳、台地区)上榜企业数量已达到了133家，超越美国成为世界第一。49家中央企业进入世界500强，涌现出一批具有核心竞争力的骨干企业。

伴随着快速的工业化进程，中国制造业不断发展壮大。党的十八大以来，通过加快技术创新，转型升级，努力缩小与世界发达国家的差距，中国制造业大国地位进一步巩固。自2010年以来，中国制造业增加值已连续12年世界第一。世界230多个国家和地区都能见到“中国制造”的身影。

今天的中国，已成为世界第一大工业产出国，非农产业增加值占比已超过90%，主要工农产品产量大都居世界前列，粮食、油料、肉类、原煤、水泥、粗钢、钢材和发电量连续多年居世界首位，500多种主要工业品中有220多种产量位居全球第一。可以说，中国是名副其实的世界第一工业大国。

构建以国内大循环为主体、国内国际双循环相互促进的新发展格局——这是把握未来发展主动权的战略性布局和先手棋，是新发展阶段要着力推动完成的重大历史任务，也是贯彻新发展理念的重大举措。

牢牢把握扩大内需这一战略基点，使生产、分配、流通、消费各环节更多依托国内市场实现良性循环。2021年，内需对我国经济增长贡献率为79.1%，其中最终消费支出贡献率为65.4%，消费重新成为经济增长第一拉动力。

开放是当代中国的鲜明标识。连续5年缩减全国和自贸试验区外资准入负面清单，自由贸易试验区不断扩容，海南自由贸易港建设加快推进，共建“一带一路”持续走深走实，进博会、服贸会、消博会搭建起国际经贸重要平台，《区域全面经济伙伴关系协定》(RCEP)正式生效……在经济全球化遭遇逆流，新冠肺炎疫情反复延宕的情况下，我国坚定不移扩大对外开放，持续拓展对外开放范围、领域和层次，致力维护全球产业链供应链稳定，为全球合作发展注入新动力。

2021年，中国对世界经济增长贡献率达到25%，是促进世界经济恢复发展的主要贡献国。同时我国外贸外资再创新高。货物贸易进出口总值为39.1万亿元人民币，以美元计价达到6.05万亿美元。全国实际使用外资规模首次突破万亿，达到1.15万亿元，是近十年来首次实现两位数的增长，增速达到14.9%，中国继续成为引进外资的热土。

新时代，开展伟大斗争，建设伟大工程，推进伟大事业，实现伟大梦想，国有企业的发展和壮大功不可没。在涉及国计民生的各个方面、在国民经济发展中，国有企业有力发挥了基础性、主干性、支撑性和引领性作用。同时通过承担着重大政治责任和社会责任，成为国家安全特别是政权安全和制度安全的柱石、人民实现美好生活需求的保障。

第二节　国有企业在各个历史时期形成的不同先进精神

国有企业的先进精神诞生和淬炼于血与火的革命岁月，发展和丰富于中国特色社会主义建设与改革开放新时期，既有物质形态，又有精神形态。纵观国有企业发展史，在诞生、发展和壮大过程中，国有企业一直是工人阶级最集中的地方，也是我们党领导工人阶级革命、建设、活动最为重要的阵地。这种血肉联系，决定了国有企业是红色文化最具发育性的地方之一。以爱国主义、集体主义、社会主义和英雄主义、改革创新精神等为要素的先进精神，是国有企业的生长之源、壮大之本。

新民主主义革命时期淬炼孕育

新民主主义革命时期，中国工人阶级在党的领导下，经受了一次次血与火的洗礼，组织力、革命性和政治觉悟日益增强，在历经艰苦斗争实现救国大业的同时，高度的组织性纪律性和革命的坚定性彻底性得到充分体现，也淬炼形成“不畏强暴、不畏牺牲、英勇不屈、实业报国”极其宝贵的先进精神，成为民族精神的生动体现和国有企业红色文化的血脉源泉。

——在中国共产党的指引下，工人阶级成立“工运”组织召开全国劳动大会，以推动历史前进的磅礴力量，义无反顾地走上了谋求民族独立和人民解放的光辉道路。

1921 年 8 月 11 日，为了大力开展工人运动，中国共产党在上海成立的公开领导职工运动的总机关——中国劳动组合书记部正式挂牌办公。

1922 年 5 月 1 日至 6 日，经中国共产党及其领导的中国劳动组合书记部倡议，第一次全国劳动大会在广州召开。大会决定在全国总工会成立之前，各地工会以中国劳动组合书记部为总通讯机关，由此确定了中国共产党对全国工人运动的领导地位，为中华全国总工会的成立做了思想上组织上的准备。大会通过了包括《第一次劳动大会宣言》《罢工援助案》《八小时工作制案》《全国总工会组织原则案》等10项决议案，引导工人阶级开始走向全国团结的道路。由此党领导下的工人运动逐渐成为中国工人运动的主流。

1925年5月1日至7日，在中国共产党的领导下，由中华全国铁路总工会、汉冶萍总工会、中华海员工业联合总会和广州工人代表会发起，第二次全国劳动大会在广州召开。大会宣告中华全国总工会的成立。大会通过了《中华全国总工会总章》，第一条就明确规定“本会以团结全国工人，图谋工人福利为宗旨”。出席二次劳大的代表与广东全省农民协会的代表联合起来，举行10万人规模的“五一”节群众大会，显示出工运复兴的声势与工农联合的威力。

1926年5月1日至12日，中华全国总工会在广州召开第三次全国劳动大会。大会再次重申工人阶级在国民革命中的领导地位。大会传达赤色职工国际会议的情况，认为“中国工人在世界职工运动中已经占了很重要的位置”，并通过了《中国职工运动总策略决议案》等多个报告和决议案。这次大会把中国工人运动推向一个辉煌壮观的发展时期，工人组织和工会会员迅猛扩大。

1927年6月19日至29日，“四一二”反革命政变之后，第四次全国劳动大会在汉口召开，通过《国民革命的前途和工会的任务》等一系列决议案。

1929年11月7日至11日，第五次全国劳动大会在上海秘密举行，通过了《中华全国工人斗争纲领》等12个决议案，发表了13项宣言、通电和告工人书。中共中央的祝词中，为“全国革命运动正在复兴时期”的工人运动提出了7大任务。

1948年8月1日至22日，第六次全国劳动大会在哈尔滨开幕。这是一次承上启下的全国劳动大会。这次大会接受了中国共产党“发展生产、繁荣经济、公私兼顾、劳资两利”的新民主主义经济总方针。这一方针的正确性，不仅为解放战争后期的历史经验所证明，更为中华人民共和国成立初期工会工作的“黄金时代”的历史经验所证明。

而在7月31日召开的预备会议上，全体与会代表一致决议，由大会产生全国性工会组织，并决定恢复历史上的光荣名称——“中华全国总工会”，一致通过了新的《中华全国总工会章程》。

——中国共产党借助“五一”纪念来宣传、组织和培育工人，推进工人运动发展，启发工人阶级觉悟，以此表达革命主张，启发革命觉悟，实施革命动员。

1889 年，由恩格斯领导的第二国际在巴黎举行代表大会通过决议，将 5 月 1 日定为国际劳动节，从此“五一”国际劳动节成为全世界劳动人民共同的节日。

1920 年 5 月 1 日，李大钊在《新青年》发表《“五一”运动史》作为发刊词，介绍了国际劳动节的由来以及欧美工人争取八小时工作制的斗争，希望中国工人把“五一”节看成觉醒的日子。同时，上海、北京、广州等地分别举行集会和纪念活动，宣传马克思主义，热情支持工人斗争。

1922 年 5 月 1 日，中国共产党在广州召开了中国第一次劳动大会，讨论了关于消除各地工会行帮观念和对工人阶级进行社会主义教育等问题，通过了八小时工作制和罢工援助案，这成为中国工人阶级隆重庆祝“五一”节的开始。

1927 年，国民党发动“四一二”反革命政变以后，国共合作破裂，大革命失败。5 月 1 日，中共五大为纪念“五一”发表的《告中国民众书》提出：“今年中国工人阶级的‘五一’运动，绝不仅是宣传示威而已，中国工人阶级已经要力争自己阶级利益的保障，要用自己的力量保障革命的胜利和工人阶级的利益。”

抗日战争时期，中国共产党纪念“五一”直接为反对侵略战争和争取民族解放服务。1939 年 4 月 12 日，《中共中央关于开展职工运动与“五一”工作的决定》提出“中国工人阶级是最觉悟的并且是抗战中重要力量之一”，要求在与各抗日党派各抗日团体的工人运动结成统一战线的同时，在“抗战中去解决工人失业、饥饿的问题，以增加抗战建国的力量”。借助纪念“五一”表达党的革命主张，明确工人阶级的地位和作用，积极动员工人阶级联合广大人民群众投身抗日斗争，成为抗战时期“五一”纪念的重要特点。

解放战争时期，中国共产党纪念“五一”与中国人民解放军“向全国进军”及筹建新中国紧密联系。1948 年 4 月 30 日，《中共中央发布纪念“五一”劳动节口号》，提出了巩固与扩大统一战线、促成全国革命胜利、建立中华人民共和国等一系列重大方针。5 月 1 日在《晋察冀日报》见报的“五一口号”指出：“今年的五一劳动节，是中国人民走向胜利的日子。向中国人民解放军全体将士致敬！庆祝各路人民解放军的伟大胜利！”同时，号召“各民主党派、各人民团体、各社会贤达，迅速召开政治协商会议，讨论并实现召集人民代表大会，成立民主联合政府！”

——在党的领导下，各地工会组织工人群众积极投身反帝、反封建、反官僚资本主义的斗争，为夺取新民主主义革命的胜利建立了不朽的历史功勋。

1919 年五四运动前后，李大钊、毛泽东等老一辈无产阶级革命家在京汉铁路长辛店铁路工厂开办了中国第一所向工人传播马克思主义的学校，为中国工人运动和中国共产党的成立播下了星星之火。

上海是中国共产党的诞生地和初心始发地，我国马克思主义的传播地，也是中国工人运动的发祥地和中国工人阶级的摇篮。1919 年五四运动爆发，上海工人阶级首次以独立的姿态登上政治舞台。1920 年，在上海共产主义小组的帮助下，第一个阶级工会——上海机器工会成立。1921 年，中国共产党在上海诞生，宣布“组织产业工会是我党基本任务”，并成立中国劳动组合书记部，组织工人建立产业工会，开办工人学校，开展工人运动。1925 年“五卅”风暴中，在中国共产党领导下，上海总工会宣告成立。

1927 年 3 月，为配合国民革命军北伐，在党的领导下，以上海工人纠察队为骨干，举行了上海工人第三次武装起义，解放全上海。这是中国工人阶级第一次依靠自己的力量，以革命暴力推翻反动统治，建立人民政权的尝试。

第一次国内革命战争时期，青岛工人阶级在中国共产党领导下，同帝国主义和反动军阀进行了英勇斗争，为中国革命做出了重要贡献。1925 年爆发的胶济铁路大罢工和青岛日商纱厂大罢工，揭开了“五卅”反帝爱国运动和大革命高潮的序幕。其间，青岛工人与上海工人互相支持，密切配合，英勇奋战，成为“五卅”运动的中坚力量，在中国工人运动史和中国革命史上有着十分重要的意义和历史地位。

1922 年 1 月至 1923 年 2 月，在中国共产党领导下，在第一次全国劳动大会和劳动立法运动的推动下，中国工人阶级掀起第一次罢工高潮。其间，全国共发生大小罢工 100 多次，参加罢工的工人有 30 万人以上，持续的时间达 13 个月之久。其中最为有影响力的有香港海员大罢工，以及京汉铁路、安源路矿、京奉路山海关铁厂工人大罢工等。

特别是安源路矿工人大罢工，由中国劳动组合书记部直接指挥、大力支持，成为当时罢工斗争的典范，树立了激励全国工人运动的一面旗帜，有力推动了第一次工人运动高潮的形成。这也是中国共产党第一次独立领导并取得完全胜利的工人斗争，标志着党领导的工人运动站在了中国工人运动发展历史的新起点，安源由此成为党领导的工人运动的摇篮。

伟大的革命实践淬炼出伟大的革命精神。以毛泽东同志为代表的老一辈共产党人，在领导安源工人运动和湘赣边界革命斗争等伟大实践中，铸就了体现中国工人阶级崇高品格的安源精神，其主要特质体现在追求理想、勇当先锋，团结奋斗、工农联盟，实事求是、开拓创新，胸怀大局、为民奉献等方面，成为中国共产党人宝贵的精神财富。

——在敌占区统治区成立的红色商贸企业，在边区根据地成立的经济建设和军工生产的企业工厂，奠定孕育了国有企业的雏形和红色根基。

新民主主义革命时期，大革命的历史洪流，残酷的军事斗争，让中国共产党在掌握“枪杆子里面出政权”的真理中，深刻认识到独立自主发展军事工业的极端重要性。由此，从中央苏区第一个红色兵工厂——江山山塘兵工厂开始，到敌后抗日根据地创建最早、规模最大的兵工厂——黄崖洞兵工厂、创建最大的兵工厂——大官亭修械所，再到解放区“华东的总后方”——胶东兵工厂，在极端艰难困苦的条件下，在毫无工业基础的背景下，历经战争的炮火硝烟，军工战线的革命先辈们发扬自力更生、艰苦奋斗的精神，以大无畏的勇气、屡败屡战的顽强意志、无穷的智慧和辛勤的汗水，创造了令人瞩目的一个又一个奇迹，创建和发展支撑战争的军事工业，从无到有，从小到大，从弱到强，不仅为前方将士输送了充足的枪炮弹药，实现了从“没有枪没有炮敌人给我们造”到“没有枪没有炮我们自己造”的重大转变，在中国人民新民主主义革命斗争史上和中国军事工业史上谱写了辉煌的篇章。

与此同时，兵工厂企业化管理的推进，使根据地军事工业逐步走上科学化、规范化、制度化的运行轨道，不仅有力地促进和保障了各个根据地军工生产的发展，更为中华人民共和国成立后国防军工事业的发展奠定了坚实的根基。

在抗日根据地军工战线，群英荟萃人才辈出，先后涌现出了“八路军兵工之父”左权、“兵工泰斗”刘鼎、八路军总部军工部首任部长刘鹏、“兵工事业开拓者”“中国的保尔·柯察金”吴运铎、“把一家献给党”的火工技师教逢春、“边区工人一面旗帜”赵占魁等军工前辈、劳模英雄，他们用鲜血和生命、胆识与智慧，为了军工事业的发展进步，为国家独立、民族解放，做出了不可磨灭的历史性贡献。

1946 年 6 月，国民党反动派以大举进攻解放区为起点，发动了对解放区的全面进攻，在毛主席的指挥下，中国共产党领导全国军民进入了粉碎国民党军事进攻，解放全中国的伟大斗争中。在解放区，工人阶级全面贯彻“发展生产、繁荣经济、公私兼顾、劳资两利”的新民主主义经济建设方针，积极响应党的号召，“积极生产，武装自卫，巩固后方，支援前线”，特别是军需工厂的工人以极大的热情和干劲，加工突击，忘我劳动，保证了前线的各种物资供应，为打退国民党的进攻立下特别功劳。在国统区，工人运动继续贯彻“隐蔽精干、长期埋伏、积蓄力量、以待时机”的方针，在解放战争即将获得最后胜利的时刻，组织起来，保护机器设备、物资、档案，配合人民解放军解放和接管城市，迅速恢复生产。

1949 年，中央人民政府先后没收了占我国工业固定资产 80%的官僚资本企业共 2858 个，建立了社会主义性质的国有经济，控制了国家的经济命脉。到 1949 年底，没收的官僚资本工业企业共有 2858 个单位，拥有生产工人 75 万多人。在金融业方面，没收了庞大的银行系统及各省市地方银行系统，共官办银行 2400 多家。官僚资本的铁路、公路、航运、邮电等交通运输企业，也陆续转移到人民政府手中。

由于没收官僚资本，人民民主专政的国家掌握了最大的银行，几乎全部的铁路，绝大多数钢铁工业，其他重工业的主要部分以及轻工业的某些部分，控制了国家经济命脉，奠定了社会主义国营经济的主导地位。

社会主义革命和建设时期发轫形成

国有企业先进精神发轫于社会主义建设时期，在这段艰辛历程中，国有企业涌现出一批英雄楷模，形成了“两路”精神、大庆精神(铁人精神)、“两弹一星”精神等，有力激励国有企业为实现中华民族站起来的伟大飞跃做出重要贡献。

在社会主义革命和建设时期，国有企业的工人坚决响应党的号召，以高度的主人翁精神和极大的热情投身于热火朝天的建设高潮，各条战线涌现了“高炉卫士”孟泰、“铁人”王进喜、“两弹元勋”邓稼先等大批劳动模范和先进人物，集中展现了我国工人阶级的崇高品质和精神风貌，凝聚成了“自力更生、奋发图强，艰苦奋斗、大干苦干”为内涵的伟大时代精神。

中华人民共和国成立之后，通过发展原有抗日根据地的国有企业、没收官僚资本主义企业、没收帝国主义在华企业、改造民族资本主义工商业企业等途径，使得以国有企业为代表的公有制经济在国民经济中占据优势地位。

随着社会主义改造的完成，社会主义基本经济制度得以确立，我国进入了社会主义建设时期。这个时期，国有企业归属于各级人民政府统一管理，保证人民群众和军队、政府的基本支出和需要，不是自主的经营实体，是政府的直属机构。至 1977 年，国民经济中公有制经济已经基本“一统天下”，国有经济占比最高，成为社会主义经济的中流砥柱。这段时期的国有经济是高度集中的计划经济。

中华人民共和国成立后，工人阶级和广大劳动群众成为国家的主人。1950 年 4 月 23 日，中共中央发布的《关于纪念五一节宣传内容与方法的指示》提出：“中华人民共和国的成立，已使劳动成为光荣，全国劳动人民由奴隶的地位进入主人的地位，工人阶级已成为国家的领导阶级。”在党的领导下，各级工会组织不断发展工人阶级先进性，团结广大职工积极响应党的号召，着力强化主人翁地位，奋发图强、艰苦创业、改革创新，引导职工积极投身社会主义建设，在推动国家经济发展和社会进步中充分发挥了主力军作用。

中华人民共和国成立之初，国民经济发展面临诸多挑战，特别是工业基础极为薄弱，结构畸形，门类单一，水平低下。全国固定资产仅100多亿元。毛泽东曾对此进行这样的描述：“现在我们能造什么？能造桌子椅子，能造茶碗茶壶，能种粮食，还能磨成面粉，还能造纸，但是，一辆汽车、一架飞机、一辆坦克、一辆拖拉机都不能造。”国有经济由此应运而生，国有企业历史性地担负起了铸造中国经济“脊梁”的重任。

1952年4月28日，《人民日报》刊发全国政协庆祝“五一”劳动节口号，寄望男女工人“努力学习政治、文化和技术，提高阶级觉悟，遵守劳动纪律，提高劳动生产率，提高产品质量，减低成本，巩固工会组织，进一步发挥国家领导阶级的作用，为祖国的工业化而奋斗”。号召广大劳动者提高劳动技能、攻克技术难关，动员开展增产节约、劳动竞赛，激发了广大劳动群众投身社会主义建设的热情。

1953年下半年，中共中央提出了党在过渡时期的总路线，这就是“要在一个相当长的时期内，逐步实现国家的社会主义工业化，并逐步实现国家对农业、手工业和资本主义工商业的社会主义改造”，即“一化三改”。

“一五”时期，以国有企业作为主体，国家得以集中力量进行大规模的经济建设。在一段时间内，优先发展重工业，推进“一五”时期156项重点工程，建成了鞍钢、一重、一汽、一拖、沈飞等一大批骨干企业，生产出了中华人民共和国的第一架飞机、第一辆汽车，迈出了新中国工业化的第一步。“一五”计划取得巨大成就，为中国特色社会主义工业化奠定了初步基础，为社会主义建设积累了宝贵经验。

现代工业体系从无到有，从小到大，打破了西方的经济封锁，提供了经济建设和人民生活所需要的产品，巩固了新生的人民共和国。特别是坚持自力更生、艰苦奋斗，成功研制出“两弹一星一艇”等一系列“大国重器”，真正奠定了我国有影响力的大国地位，有力捍卫了我国社会主义政权安全。

1961年5月1日，面对我国严重经济困难和国民经济调整，毛泽东主席在同上海各大工厂的290多名先进生产者、老工人和技术人员一起欢度“五一”劳动节时指出：“工人要有革命骨气，要坚持独立自主、自力更生的方针，战胜困难，勇往直前。”

1963年，随着国民经济的好转，我国先后在盐业、汽车、纺织机械、地质、机械仪器等重要行业领域建立了大型国有企业。到1966年，我国已经实现了石油全部供给，电子工业、石油化工等一批新兴的工业也具备了生产能力。

从1952年至1978年，全国国有工业总产值由142.6亿元增长至3416.4亿元，其中发展最快的就是重工业。

在改革开放之前，国有企业为中华人民共和国集中力量发展生产力、集中力量办大事做出了巨大贡献，使得中国工业产品生产能力在全球的排名逐步提升。特别是以国有企业为主力军推动了中华人民共和国的经济发展和现代化建设，在国有企业不同产业布局的基础上所构造的“独立的、比较完整的工业体系(包括国防体系)以及对应的国民经济体系，为改革开放之后中国的经济起飞创造了有利条件”。

社会主义革命和建设时期，我国各族人民意气风发投身于热火朝天的社会主义建设，特别是在各行各业的国有企业，涌现出了“无私奉献、集体至上；不畏艰难、敢于奋斗；团结肯干，敢啃硬骨头”的一大批先进典型和英雄模范人物，抒写了无数改天换地的壮丽诗篇，形成了跨越时空、历久弥新的时代精神。

社会主义革命和建设时期，石油和化学工业为摆脱“一穷二白”的贫困面貌、建设四个现代化做出了重要贡献。大庆油田的开发，不仅为经济建设创造了重要的物质基础，也为中国人民战胜困难、奋发图强建设祖国提供了宝贵的思想激励，留下了一份丰厚的精神财富。王进喜“宁肯少活二十年，拼命也要拿下大油田”的忘我精神；大庆人“有条件要上，没有条件创造条件也要上”的奋斗气概，感动和教育了一代又一代产业工人。以“爱国、创业、求实、奉献”为主要内容的大庆精神(铁人精神)，体现出中国工人阶级崇高的使命感、大庆人无愧于党和人民事业的高尚情操，展现了60年代中国工人阶级的时代面貌，创造了世界石油开发史上的奇迹。

社会主义革命和建设时期，钢铁工业自力更生、艰苦创业，在一穷二白、百废待兴中初步建立起较为完整的钢铁工业体系，为兴国大业奠定了钢铁之基。鞍钢形成的“干部参加劳动，工人参加管理，改革不合理的规章制度，工人群众、领导干部和技术员三结合”的“两参一改三结合”民主管理制度，受到毛泽东主席的高度肯定，并将其称为“鞍钢宪法”，要求在工业战线推广。

社会主义革命和建设时期，“两弹一星”研制成功，成为中华民族为之自豪的伟大成就。钱学森、钱三强、邓稼先等一大批科学家，把个人理想与祖国命运紧紧联系在一起，把个人志向与民族振兴紧紧联系在一起。“干惊天动地事，做隐姓埋名人”。他们把热血洒在戈壁滩，把青春和生命奉献给中华人民共和国国防建设事业，将热爱祖国、无私奉献、自力更生、艰苦奋斗、大力协同、勇于登攀的“两弹一星”精神，永久镌刻在中国大地上，成为全国各族人民宝贵的精神财富和不竭的动力源泉。

社会主义革命和建设时期，面对60年代中期严峻的国际形势和中国东西部经济发展不平衡状况，党中央加强备战考虑，决定进行以国防工业为主的大规模三线建设。从1964年开始，国家对“三线建设”总投资2052亿元，投入了数百万人力，经过15年的艰辛努力，在中西部16个省区建成了以国防基础工业为龙头的近两千个大中型工矿、铁路、水电等基础设施。在这项中华人民共和国成立以来经济建设战略的伟大决策和英勇壮举，不仅取得了辉煌成绩，更凝结出“艰苦创业、无私奉献、团结协作、勇于创新”的“三线”精神，永远值得后来建设者以至整个中华民族深刻铭记和发扬光大。

改革开放和社会主义现代化建设时期不断丰富发展

在庆祝中国共产党成立100周年大会上，习近平总书记指出：“中国共产党和中国人民以英勇顽强的奋斗向世界庄严宣告，改革开放是决定当代中国前途命运的关键一招，中国大踏步赶上了时代!”

1978年12月，党的十一届三中全会召开，我国改革开放和社会主义现代化建设新时期的时代巨幕徐徐拉开。会议做出把党和国家工作中心转移到经济建设上来，实行改革开放的历史性决策。

“贫穷不是社会主义”“科学技术是第一生产力”“发展才是硬道理”等一系列论断，涤荡僵化落后的观念，驱散了思想上的迷雾；“时间就是金钱，效率就是生命”“团结起来、振兴中华”等响亮口号，催动民族奋起直追的脚步……

历史性跨越的中国经济：截至2012年，我国国内生产总值年均增长9.8%，远高于同期世界经济年均2.8%的增速；全球第二大经济体、第一外汇储备大国；世界经济发展引擎、全球“制造基地”、世界第一大出口国……

天翻地覆的百姓生活：从手攥票证排队购买粮油，到彩电、电冰箱、空调等耐用消费品逐步普及；从挤进绿皮火车行在漫漫回家路上，到坐在舒适高铁中便捷快速出行……

捷报频传的重大工程：神舟五号“飞天梦圆”、三峡工程“高峡出平湖”“雪域天路”青藏铁路、“四纵四横”高铁路网形成……

关键时刻的责任担当：成功应对亚洲金融危机、国际金融危机冲击，战胜非典疫情和严重自然灾害，从容面对入世后的新挑战……

从推进改革开放到建立社会主义市场经济体制；从规划“三步走”战略目标到全面建设小康社会；从开创、坚持到捍卫、发展中国特色社会主义……中国共产党团结带领中国人民，解放思想、锐意进取，逢山开道、遇水架桥，创造了改革开放和社会主义现代化建设的伟大成就，为实现中华民族伟大复兴提供了充满新活力的体制保证和快速发展的物质条件。

在这段风雨与荣耀交织的历史进程中，国有企业始终听党话、跟党走，解放思想、实事求是，改革创新、开拓进取，勇于担当、拼搏奋进，为改革开放和社会主义现代化建设做出了新的伟大贡献。

国有企业先进精神发展于改革开放时期。在这一历史阶段，国有企业勇立改革开放潮头，从蛇口炸响“中国改革开放第一炮”开始，不断从计划走向市场、从国内走向国外，国有经济布局结构发生重大变化，在重要行业和关键领域的控制力、影响力不断增强，形成了载人航天精神、青藏铁路精神等，有力激励国有企业为实现中华民族富起来的伟大飞跃做出重要贡献。

——凤凰涅槃、浴火重生的国企改革。改革开放以来，我国始终坚持“两个毫不动摇”，逐步确立了以公有制为主体、多种所有制经济共同发展的社会主义初级阶段基本经济制度。以国有企业改革作为经济体制改革中心环节、确立社会主义初级阶段基本经济制度为重要标志，中国特色社会主义制度得以进一步完善发展。国有企业通过深化改革，逐步成为独立市场主体，总体上实现了与市场经济相融合，有力带动和促进了非公有制经济共同发展。

改革开放以来，由于我国处于社会主义初级阶段，原有的“一统天下”的公有制发展模式已经不再适应国民经济的进一步发展。国有企业曾做出巨大贡献，但也面临机制僵化、效率低下，政企不分、多头管理等弊端。计划经济模式、自主管理权限不足、激励机制欠缺等问题严重制约了国有企业的进一步发展，甚至严重影响了国民经济的健康运行。

对国有企业面临的发展困境和改革难题，党中央和国务院高度重视。1984 年，党的十二届三中全会通过了《中共中央关于经济体制改革的决定》，确定国企改革为经济体制改革的中心环节。从扩大企业自主权到国企制度创新和结构调整，再到以国有资产管理体制改革推动改革发展，经历了自主经营探索期到现代化制度培育与发展期，再到现代化制度完善与创新期，国企改革日益进入“深水区”。

减员增效、下岗分流、再就业工程、公司制改造……以推进建立现代企业制度试点为切入点，为了成为“自主经营、自负盈亏、自我发展、自我约束”的市场经济主体，国有大中型企业经历了凤凰涅槃的改革阵痛；抓大放小、战略性改组、调整所有制结构、探索公有制多样化的实现形式……通过实行改组、联合、兼并、股份合作制等一系列放开搞活措施，一大批国有中小企业浴火重生。从国营企业到国有企业，从工厂到公司，从厂长、经理到党委书记、董事长……这些变化的背后，国有企业的社会定位、企业形态、管理体制和运行机制发生了根本性变化。

改革开放以来，国有企业从完全按照国家计划生产的单位，到成为自主经营管理的市场主体，再到不断完善企业经营模式，探索出了具有中国特色的“产权清晰、权责明确、政企分开、管理科学”的现代企业制度。不仅在基础性行业中起支柱作用，更在关系国家安全和国民经济命脉的主要行业和关键领域占据支配地位，有效推进了国民经济发展，成为中国社会主义经济实践的中流砥柱。

随着改革的逐步深入，国有企业的数量逐步下降，但实力在进一步增强。1997 年，全国国有企业有 25.4 万户，资产总额为 13.91 万亿元，到 2007 年国有企业数减少到 11.51 万户，但资产总额增长到 35.48 万亿元。国有经济逐步从涵盖几乎所有行业国民经济的领导力量转变为国民经济重点行业和领域的主导力量。尤其是 1998—2000 年，党中央、国务院带领国有企业实施了改革脱困 3 年攻坚，实现了国有企业的整体扭亏为盈，为国有企业持续快速健康发展打下了良好基础。

统计数据显示，2002—2011 年，全国国有企业营业收入由 8.53 万亿元增长至 39.2 万亿元，年均增长 18.5%；利润由 3786.3 亿元增长至 2.58 万亿元，年均增长 23.8%；上缴税金由 6960.4 亿元增加到 3.45 万亿元，年均增长 19.5%。与此同时，国有企业国际竞争力显著增强，以 2012 年世界 500 强企业为例，中国企业上榜 79 家，其中国有企业占比近 80%。

在由计划经济向社会主义市场经济转型的进程中，在一系列深化改革和结构调整的过程中，从“破三铁”(“铁饭碗”“铁工资”“铁交椅”)为中心的企业劳动、工资和人事制度的改革热潮，到“国有大中型企业改革和脱困三年目标基本实现”。国企改革丢掉包袱，留下优良资产，2000 多万工人下岗。国有企业广大职工经历脱胎换骨的阵痛，表现出顾全大局、无私奉献的可贵精神。

——赋新内涵、奋进发展的国企职工。改革开放以来，几次重要的“五一”劳动节社论赋予“工人阶级”新的内涵和地位，持续激发劳动群众特别是国有企业广大职工投身改革开放事业的澎湃动力与激情。

1981 年“五一”劳动节，《人民日报》发表社论《发扬主人翁的实干精神》，强调工人阶级要“增强主人翁责任感，发挥实干精神，同心协力，建设社会主义的物质文明和精神文明，为实现四个现代化的宏伟目标贡献最大的力量”。“劳动光荣、埋头苦干、真抓实干”成为国有企业广大干部职工投身改革开放事业的奋斗姿态与精神写照。

1984 年“五一”劳动节，《人民日报》在社论《工人阶级要站在改革前列》中指出：“知识分子是工人阶级中文化科学水平较高的一部分，要搞四个现代化，要迎接世界新的技术革命的挑战，必须把知识分子的聪明才智充分发挥出来。”

1993 年“五一”劳动节，《人民日报》发表社论指出：“改革是为了解放生产力，而人是生产力中决定性的因素，工人阶级则是其中最有觉悟、最有组织纪律性、最富于奉献精神的一部分。没有工人阶级的理解、参与和支持，机遇难以抓住，改革难以成功，经济发展也就上不了新台阶”。国有企业广大职工成为推动改革发展的“主力军”，其地位和作用充分彰显。

在推动改革开放的进程中，职工素质工程全面推进。在“科学技术是第一生产力”等一系列重要论断下，通过岗位练兵、技术比武、师徒帮教、推广先进操作法、评聘“首席工人”等，广大职工技能水平大幅提升，技术创新能力不断提高，综合素质显著增强。专职技术人员、知识型工人、优秀企业家、强大的高素质职工队伍，让国有企业广大职工始终站在时代发展的前列，为国家改革开放、企业改革发展提供了有力的人才支持和智力保障。

20 世纪 80 年代，为适应社会主义现代化建设需要，1100 万名职工参加“振兴中华”职工读书活动，全国成立的读书小组达 80 多万个。进入新时期为贯彻落实科教兴国和人才强国战略，广大职工又积极投身于“创建学习型组织，争做知识型职工”活动中。

在推动改革开放的进程中，国有企业广大职工积极投身经济建设和劳动竞赛。从“高产、优质、多品种、低消耗和安全生产”为主要内容的增产节约劳动竞赛，到新时期“当好主力军、建功‘十一五’、和谐奔小康”主题竞赛，从创建“工人先锋号”“我为节能减排做贡献”到建设创新型企业，劳动竞赛的主题紧扣时代的脉搏。

——光彩夺目、持续丰富的劳模精神。改革开放初期，国家建设的重心转变为“以经济建设为中心”。这个阶段迫切需要宣传弘扬各行各业埋头苦干的生产典型来带动生产力的快速发展，激发人民群众的积极性、主动性与创造性，掀起经济建设的高潮。

伟大的时代需要伟大的精神，为使全社会形成“劳动光荣”的氛围，极大鼓舞“劳动创造”的热情，彰显以改革创新为核心的时代精神，全国总工会从 1985 年起，每年五一节前都会评选表彰一批先进人物和先进集体，分别授予“全国劳动模范”“全国五一劳动奖章”“全国五一劳动奖状”和“全国工人先锋号”等殊荣。

2005 年，全国劳动模范和先进工作者表彰大会首次将劳模精神的科学内涵以 24 个字表述出来，即“爱岗敬业、争创一流、艰苦奋斗、勇于创新、淡泊名利、甘于奉献”。

改革开放以来，党和国家先后隆重表彰奖励了“我国国防科技事业改革发展的重要推动者”于敏、“航天科技事业创新发展的重要推动者”孙家栋、“用生命践行航空报国的优秀代表”罗阳、我国“两弹一星”元勋和核武器事业的开拓者程开甲、科技兴油保稳产的大庆“新铁人”王启民、“复兴号”高速列车研制的主持者孙永才、“港口装卸自动化的创新者”包起帆、践行“工匠精神”的优秀代表许振超、“知识型企业职工的优秀代表”巨晓林、“创新型一线劳动者的优秀代表”张黎明、“当代愚公”李双良、“雷锋精神”的优秀传承者郭明义等一大批国有企业涌现出来全国重大先进典型。

无论是改革开放初期还是进入社会主义现代化建设新时期，作为国家的主人翁，这些国有企业重大先进典型，为改革开放提供了宝贵的精神财富。作为国有企业职工中的先进代表，一批又一批劳模，他们干一行爱一行，专一行精一行，带动职工群众锐意进取、积极投身改革开放和社会主义现代化建设，为国家和人民建立了杰出功勋，他们爱岗敬业、争创一流，将平凡的工作做到了极致。他们艰苦奋斗、勇于创新，书写了劳模精神与时俱进的时代特色。他们淡泊名利、甘于奉献的精神，展现了国企员工的崇高品格和精神风貌。他们“敢打敢拼、能闯能干”的社会氛围，勾勒出“时代弄潮儿”引航改革开放时期中国经济社会发展新轨迹。

——激昂青春、奋发有为的国企青年。党的十一届三中全会做出把党和国家工作中心转移到经济建设上来、实行改革开放的决策之后，全社会焕发出勃勃生机。改革开放也为广大国企青年大展身手提供了广阔的天地，他们唱出“八十年代的新一辈”的豪言壮语，迸发出空前的建设热情，以初生牛犊不怕虎的精神，解放思想、锐意进取，勇立时代潮头，积极投身社会主义现代化建设，谱写了一曲曲改革创新的青春奋斗之歌。

1979 年 3 月，根据党中央提出的要进行社会主义现代化建设“新长征”的要求，共青团中央在全国青年中开展“争当新长征突击手活动”，很快在全国各行各业蓬勃开展起来。作为新长征突击手活动的基本形式，青年突击队、青年掘进队、青年质量管理小组、青年安全监督岗、青年文明岗等“青”字号组织蓬勃发展，形成了比、学、赶、帮、超的竞赛热潮。当时，全国国有经济单位及城镇集体经济单位职工数为 9499 万人，青年工人占一半以上。

1984 年起，团中央发起了“为重点建设献青春、争当新长征突击手”活动。

仅在当年，全国就有 100 多万青年、7000 多支青年突击队参加了竞赛，有力地促进了“六五”计划的实施。1986 年有 600 多项青年突击工程参赛，比 1985 年翻了一番。

将经济建设与思想建设相结合，把物质财富的创造和造就一代新人相结合，把劳动竞赛与青年学文化、学技术、学科学相结合，提高了国企青年职工建设社会主义现代化强国的本领。广大团员青年积极响应党的号召，焕发敢闯敢试的火热激情和求真务实的科学理性，踊跃投身改革开放的生动实践，成为打破束缚生产力发展的旧框框的排头兵，在经济社会发展中发挥生力军和突击队作用。

进入中国特色社会主义新时代持续发扬光大和彰显

百年荣光，百炼成钢。国有企业的发展史，就是一部坚持党的领导、加强党的建设的历史。进入新时代、迈向新征程，国有企业始终牢记初心使命、弘扬光荣传统、赓续红色血脉，在加快建设世界一流企业中奋勇争先，为实现中华民族伟大复兴的中国梦展现国企担当、贡献国企力量！

进入新时代，国有企业先进精神持续发扬光大和彰显。在新的历史起点上，国有企业特别是中央企业奋力攻坚、开拓进取，走出国门、建成大批海外超级工程，加快转型、高端产业发展不断取得突破，特别是在党领导的历次重大斗争、突发事件处置中，冲锋在前、敢战能胜，铸就了新时代北斗精神、探月精神、载人深潜精神等新的先进精神，有力激励引领国有企业广大干部职工群众为实现中华民族强起来的伟大飞跃做出重要贡献。

党的十八大以来，习近平总书记就国有企业改革发展和党的建设做出一系列重要指示批示。特别是 2016 年党中央召开全国国有企业党的建设工作会议，习近平总书记出席会议并发表重要讲话，为国有企业改革发展和党的建设指明了前进方向、提供了根本遵循。

广大国有企业特别是中央企业深入学习贯彻习近平新时代中国特色社会主义思想，毫不动摇坚持党的领导，持续加强党的建设，红色基因底色愈鲜明，红色引擎作用更强劲，推动国有企业改革发展取得重大成果，为增强我国综合国力、促进经济社会发展、保障和改善民生提供了重要支撑，打造成为党和国家最可信赖的依靠力量，成为我们党赢得具有许多新的历史特点的伟大斗争胜利的重要力量，成为中国特色社会主义的重要物质基础和政治基础。

普遍把学习贯彻习近平新时代中国特色社会主义思想作为“第一议题”，推动党的创新理论进企业、进车间、进班组。通过扎实开展党的群众路线教育实践活动、“两学一做”学习教育、“不忘初心、牢记使命”主题教育，切实提高政治判断力、政治领悟力、政治执行力。2021 年，国有企业各级党组织紧紧围绕庆祝中国共产党成立 100 周年，深入开展党史学习教育，注重挖掘国企红色资源，深入学习国企创业史、改革史、发展史，把国企光荣传统和红色基因传承好、发扬好。

牢记“共和国长子”和“国家队”的使命本色，无论是落实国家宏观调控政策、实施国家重大战略，还是抗击重大自然灾害、应对各类突发事件，提升产业兴国、实业报国精气神，国有企业把“两个维护”体现在工作中落实到行动上，在融入党和国家中心大局中担当使命。

在抗击新冠肺炎疫情的关键时刻，党中央一声号令，国有企业党组织和广大党员闻令而动。10 余天建成火神山、雷神山医院；迅速转产防护服、口罩机；率先复工复产、稳定产业链供应链……国有企业党组织和广大党员冲锋在前，发挥了抗疫“主力军”的重要作用。

在突破关键核心技术“卡脖子”难题中当先锋、打头阵。广大国有企业党组织引导企业激发产业报国的精气神，聚焦解决关键核心技术“卡脖子”等难题，在加快打造原创技术策源地和现代产业链“链长”中走在前做表率。

在国家重大工程项目中当尖刀、挑重担。在高铁路网、西气东输、南水北调等涉及国计民生的基础设施、公共服务等重大项目中，国有企业党组织充分发挥战斗堡垒作用，将党建力量“嵌入”重大项目，确保一大批工程项目圆满落地。

党的十八大以来，面对自身发展新旧问题交织，面对国际竞争日趋激烈，面对国际经济发展环境日趋复杂，国有企业通过深化改革，不断完善治理结构，不断提升国际综合竞争能力，逐步实现做强做优做大。

经济实力迈上新的台阶，创造和积累了巨大财富。“十三五”时期，国有企业收入与利润持续增长，并且利润增幅逐步扩大。中央企业利润总额年均增长8.8%，期末资产总额达到68.8万亿元。49家中央企业进入世界500强，涌现出一批具有核心竞争力的骨干企业。2020年底，全国国资系统监管企业的资产总额达到218.3万亿元。

落实国家战略坚决果断，充分发挥了主力军作用。“十三五”时期，积极服务京津冀协同发展、长江经济带发展、粤港澳大湾区建设、长三角一体化发展、海南自贸港建设等重大战略，高质量共建“一带一路”，全力推进科技自立自强，取得了以载人航天、探月工程、北斗导航、5G应用、国产航母等为代表的一批具有世界先进水平的重大成果，建成了港珠澳大桥、白鹤滩水电站、“深海一号”油气田、张北柔直电网工程等标志性重大工程。

服务社会、保障民生坚强有力，充分发挥了顶梁柱作用。“十三五”时期，中央企业累计上缴税费近10万亿元、上缴国有资本收益4135亿元，向社保基金划转国有资本1.2万亿元；通信企业累计降费让利约7000亿元，电力企业降低全社会用电成本约4000亿元。全力做好“百县、千亿、万点”扶贫攻坚任务，国资央企定点帮扶的248个国家扶贫工作重点县全部脱贫摘帽，累计投入和引进帮扶资金近千亿元，1.2万个各类扶贫点全部脱贫出列。

“劳模”，是一个饱含时代情感的标签。每一个时代的劳模，都代表着这个时代最先进的生产力和最主流的价值取向。

“劳动模范身上体现的‘爱岗敬业、争创一流、艰苦奋斗、勇于创新、淡泊名利、甘于奉献’的劳模精神，是伟大时代精神的生动体现。”2016年4月26日，习近平总书记在同知识分子、劳动模范、青年代表座谈时指出：“我们要在全社会大力宣传劳动模范的先进事迹，号召全社会向他们学习、向他们致敬。”

在全面建设社会主义现代化国家新征程上，要坚持创新在我国现代化建设全局中的核心地位，加快建设人才强国、科技强国，实现高质量发展，需要更多知识型、技能型、创新型劳动者，更需要大力弘扬劳模精神、劳动精神、工匠精神。

习近平总书记指出，我们都是追梦人，实现民族复兴的宏伟蓝图归根到底要“靠劳动，靠劳动创造”。进入新时代，面对决胜全面建成小康社会、进而全面建设社会主义现代化强国的奋斗目标，当好主人翁，建功新时代，已成为新时代工人阶级的新使命。

在党的十九大报告中，习近平总书记强调建设知识型、技能型、创新型劳动者大军，弘扬劳模精神和工匠精神，营造劳动光荣的社会风尚和精益求精的敬业风气。

社会主义是干出来的，新时代是奋斗出来的。进入新时代，劳模精神在千千万万青年劳动者中赓续传承。进入新时代以来，“铁路小巨人”巨晓林、“桥吊状元”竺士杰、“金牌焊工”高凤林、“深海钳工第一人”管延安、“九天揽星人”孙泽洲等一大批国有企业涌现出的先进模范人物，爱岗敬业、锐意创新、勇于担当、无私奉献，在平凡的岗位上创造了不平凡的业绩，用干劲、闯劲、钻劲鼓舞更多的人，激励广大劳动群众争做新时代的奋斗者。

2018 年 12 月 25 日，为隆重庆祝改革开放 40 周年，国务院国资委党委发布第三届“央企楷模”，中国中铁王杜娟(女)等 6 名个人，中国三峡集团三峡电厂精益生产管理团队等 4 个集体荣获第三届“央企楷模”荣誉称号。

改革开放 40 年来，中央企业广大干部职工听党话、跟党走，为党和国家事业发展做出了突出贡献。“央企楷模”是中央企业广大干部职工的杰出代表，在平凡的岗位上创造了不平凡的业绩，构筑了国有企业作为大国重器“顶梁柱”的坚强基石。“央企楷模”的先进事迹是中央企业广大干部职工不忘初心、牢记使命，热忱投身改革开放和国家建设的生动缩影，是中央企业广大干部职工爱岗敬业、担当进取精神风貌的真实写照。

进入新时代以来，国有企业广大干部职工创造了“自主创新、开放融合、万众一心、追求卓越”的新时代北斗精神、“严谨求实、团结协作、拼搏奉献、勇攀高峰”的载人深潜精神、“追逐梦想、勇于探索、协同攻坚、合作共赢”的探月精神。2021 年 9 月，党中央批准了中央宣传部梳理的第一批纳入中国共产党人精神谱系的伟大精神，这三种精神被纳入其中。

第三节　解码国有企业蕴含的光荣红色基因

党的十八大以来，习近平总书记在重要讲话中多次肯定了大庆精神、“两弹一星”精神、载人航天精神、新时代北斗精神、载人深潜精神等国有企业先进精神。这是国资国企战线特别是中央企业的崇高荣誉。

从革命和建设时期、改革开放时期到进入新时代，国有企业始终在党的坚强领导下奋力拼搏、勇挑重担，在为党和国家事业发展建立卓越功勋的同时，也创造了宝贵的精神财富。先后孕育锻造了人民兵工精神、“两弹一星”精神、大庆精神(铁人精神)、载人航天精神等一系列国有企业先进精神，塑造了国企精神独特的禀赋特征。

虽然不同的国企，其精神文化特征有所不同，但却无一不体现出爱国忠诚、责任担当、团结协作、无私奉献、自力更生、艰苦奋斗、勇于登攀、追求卓越、求真务实、改革创新的精神共性。这是国有企业在继承和发扬中华民族优秀文化传统和中国共产党人的革命精神基础上，对兴企强国富民、实现民族复兴的经营管理实践经验所做的文化积淀与精神升华。

国资委党委书记、主任郝鹏指出，国有企业在不同历史时期孕育凝结的先进精神，是中国共产党人精神谱系的重要组成部分，充分展现了几代国企干部职工艰苦奋斗、牺牲奉献、开拓进取的优秀品格和精神气概。

国有企业特别是中央企业是党一手缔造的。作为中国特色社会主义的重要物质基础和政治基础，我们党执政兴国的重要支柱和依靠力量，红色是国有企业的“底色”和“基色”。国有企业自诞生那一天，就被打上了深深的红色烙印，注入了鲜亮的红色精神。国有企业的地位和作用，承担的责任和使命，决定了国有企业的改革发展更需要精神力量的指引。

多年来，红色精神这一个个鲜明“坐标”，指引着国有企业以国家需要为最高需要，以人民利益为最高利益，造就了国有企业总是在党和人民需要的关键时刻拉得出、冲得上、顶得住、打得赢的优秀品质；指引着国有企业不断强化科技创新，填补国内空白，创造出巨大的经济价值和社会价值，为我国经济社会发展、科技进步、国防建设、民生改善做出了功勋卓著的历史性贡献；指引着国有企业对兴企、强国、富民的经营管理实践经验进行文化积淀和精神升华，成为国有企业攻坚克难、奋勇前进的强大精神力量和宝贵财富。

"听从号令、忠诚担当"的爱国精神

爱国主义是中华民族的精神核心，是把中国人民坚强团结在一起的精神力量。国有企业诞生、发展与壮大的历史，就是一部波澜壮阔的爱国史。"听从号令、忠诚担当"的爱国精神，始终是国有企业红色基因的固有特质，是国企精神的底色。

无论是血雨腥风的革命战争年代，还是翻天覆地的新中国建设，无论是波澜壮阔的改革开放，还是阔步前行的新时代；无论是来自帝国主义的赤裸裸威胁，还是面对中华人民共和国成立后一穷二白的烂摊子；无论是面对地震洪灾、新冠肺炎疫情等严峻考验，还是应对国际金融危机、中美贸易摩擦等事件的严重冲击。国有企业都坚决服从党和国家的统一指挥、统一协调、统一调度，在党和国家需要的关键时刻，勇当先锋、勇打头阵，成为维护主权、经济建设和社会发展的中流砥柱。

1931 年 10 月，中央红军官田兵工厂在江西兴国县官田村建立。人民兵工一经诞生，就在党的领导下与人民军队并肩战斗、浴血前行。以"中国的保尔"吴运铎、"工人发明家"倪志福、"三代坦克总师"祝榆生等为代表的广大兵工人，满怀对党的无限忠诚与热爱，在血与火的考验中凝练形成了"把一切献给党"的人民兵工精神。

吴运铎，中国"兵工事业开拓者"。为了研制武器，在无数次危险至极的炮弹爆炸试验中，他一次次冲在前面以身试险，为战友们挡下了死亡的威胁。他先后三次身负重伤，全身上下留下了大大小小 100 多处伤疤，经历过 20 多次手术，体内仍残留几十块弹片无法取出。

“既然是战斗，总要有牺牲，不是我，就是我的战友。”吴运铎说：“活着就要完成任务，死了就算革命到底！”就在他临终前，还对身边的人说：“假如我能返老还童，假如我有来生来世，我还是会选择中国共产党，永远跟党走，把一切献给党。”

“把一切献给党。”饱含着无数兵工战士对党的无限忠诚，对兵工事业的无限热爱，对共产主义理想的无限追求，感召着一代代兵工人坚定不移听党话、矢志不渝跟党走，为党的兵工事业奉献智慧、奉献青春、奉献生命、奉献一切！

进入新世纪，2012 年 11 月 24 日，中国首批舰载机全部完成航母起降训练，圆了几代航空人让战机从陆地跨向海洋的梦想。一天后，“辽宁舰”返航。时任航空工业沈飞董事长、总经理舰、载机研制现场总指挥的罗阳，突发心梗，经抢救无效，于 11 月 25 日 12 时 48 分在工作岗位上殉职，为祖国的国防事业献出了年仅 51 岁的宝贵生命。

航空报国，是罗阳坚定的信念。在他的记事本封底上，写着一行工整的大字：“航空报国不是一种荣誉，而是一种使命。”他曾说：“我们最大的追求，就是通过我们的努力，使我国的先进战机能够早日装备部队，使我国的国防工业能够尽快缩小与发达国家的差距！”

20 世纪 50 年代，面对帝国主义核威胁、核讹诈，为了保卫国家安全、维护世界和平，以毛泽东同志为核心的党的第一代中央领导集体，根据当时的国际形势，高瞻远瞩，审时度势，果断地做出了研制原子弹、导弹、人造地球卫星“两弹一星”的战略决策。大批优秀的科技工作者，包括钱学森等许多在国外已经有杰出成就的科学家，怀着对新中国的满腔热爱，义无反顾地投身到这一神圣而伟大的事业中来。

钱学森，世界著名科学家、空气动力学家、中国载人航天奠基人，被誉为“中国航天之父”和“中国导弹之父”“中国自动化控制之父”。1935 年赴美留学，后师从著名科学家西奥多·冯·卡门，多年从事与国防相关的科研工作，美国海军次长曾经这样评价钱学森：“他无论走到哪里，都抵得上 5 个师的兵力。”

“我的事业在中国，我的成就在中国，我的归宿在中国。”中华人民共和国成立后，钱学森非常激动，当即打算买好机票回国。但却遭到美国政府百般阻挠，甚至将他关进监狱。因为他掌握太多美国的机密研究。最终经过各种途径声援，以及中国政府的交涉，终于回到祖国怀抱。

回忆起这段刻骨铭心的经历，钱学森说：“从 1935 年去美国，到 1955 年回国，我在美国整整 20 年。所有这一切都在做准备，为的是日后回到祖国能为人民做点事。”

在钱学森心中，国为重，家为轻，科学最重，名利最轻。正是由于他的努力，使得中国导弹、原子弹的发射向前推进了至少 20 年。

郭永怀，我国空气动力学家，是唯一一位为我国核弹、导弹及人造卫星事业都做出巨大贡献的科学家。早在 20 世纪 40 年代，他就已经名扬海外，被美国人描述为“既是可以改变世界的人，也是可以征服宇宙的人。”

“中国是我的祖国，我是无论如何也要回去的！”为了能顺利回国，他在美国当众烧毁了凝聚自己十几年心血都没有公开发表的研究资料，斩钉截铁地说。那时，郭永怀一家住在美国康奈尔大学，主持着航天研究院工作，同时也被禁止离开美国。

1956 年底，郭永怀一家终于踏上归国旅途。这一天，他等了整整 16 年。1960 年，他参与到我国“两弹一星”事业的研制工作中。后来，郭永怀回京汇报工作途中飞机失事。牺牲前，他和警卫员将装有绝密资料的公文包紧紧夹在两人胸前，确保了安然无损。

科技强国、航天强国，是中国航天人的神圣使命；敢于超越、勇攀高峰，是中国航天人融入血脉的基因密码。2007 年 10 月 24 日，“嫦娥一号”成功发射并实现绕月，中华民族终于圆了千年奔月的梦想。在航天飞行指挥控制中心内，人们欢呼跳跃，握手拥抱。此时，有一位老人走到一个僻静角落，背过身子，掏出手绢，偷偷地擦着眼泪。他就是我国航天事业的开拓者、共和国勋章和“两弹一星”功勋奖章获得者——孙家栋。

这一次，他又为中国航天树起了第三座里程碑。这一抹泪，是辛酸泪、奉献泪，也是幸福泪、欣慰泪。因为在他身上承载着中国航天太多的第一：先后托举了我国第一颗人造卫星、第一颗返回式卫星、第一颗静止轨道试验通信卫星；先后担任我国北斗导航工程、探月工程总设计师。

60余年的航天生涯，他用行动践行了“国家需要，我就去做，造一辈子中国星”的人生誓言，见证了中国航天从跟跑到并跑再到部分领跑的跨越式发展，影响和带动一支支优秀的航天队伍，攻坚克难取得轰动世界的航天成就，用一生对创新梦想的执着追求，诠释了“我们都是幸福的追梦人”。

逢山开路、遇水架桥，从崇山峻岭到江河海洋，作为基础设施建设的主力军，基建央企打造了中国路、中国桥、中国港、中国隧、中国城、中国坝等一系列靓丽的国家名片，为中国经济巨轮劈波斩浪，为“一带一路”沿线国家经济发展，提供了强劲动力，也矗立起一座座精神丰碑。

——中国中铁：永远的开路先锋。拥有120多年历史的中国中铁，建设了总里程66%的中国铁路、90%的中国电气化铁路、55%的中国高速铁路、60%的中国城市轨道工程，在桥梁、隧道、地下空间工程等领域，均位居世界前列。先后参与设计建造了中国人自主设计建造的第一条铁路——京张铁路、世界首条智能高铁——京张高铁、西藏第一条电气化铁路——拉林铁路、“一带一路”标志性工程——中老铁路、世界最长跨海峡公铁两用大桥——平潭海峡公铁大桥等一大批利国利民、联通世界的超级工程。

为了攻克高原冻土这一土木工程界的世界性难题，在海拔4900多米的青藏高原风火山冻土观测站，中铁西北科学研究院科研人员坚守了近半个世纪。测取了1200多万个涵盖高原冻土地区各种气象条件和地温变化的数据，凝结成29项重大科技成果，奠定了中国冻土观测的世界领先地位。首任站长周怀珍一扎根就是22年，手指冻成终身残疾。被周怀珍带上山的孙建民，每天背着20多公斤重的观测仪器行走20多公里，30年没有一天间断。

——中国铁建：品质铁建，连通世界。这是一家由原中国人民解放军铁道兵于1984年兵改工发展壮大起来的责任央企。先后参与建设了中华人民共和国54%的普速铁路、52%的高速铁路、40%的城市轨道交通线、30%的高等级公路，在铁路、公路、桥梁、隧道和城市轨道交通工程设计及建设领域确立了行业领导地位，制定了中国高铁一半的建设标准，参与建设了人类征服自然的三大奇迹之一——成昆铁路、世界海拔最高的高原铁路——青藏铁路、中国第一条时速350公里的京津城际铁路和世界上标准最高的京沪高速铁路等重点工程。

2021年，湖北"荆楚楷模"年度人物发布。中国铁建十一局一公司杨连第队作为10个年度楷模中的唯一一个集体登台领奖。该队前身是铁道兵一师一团一营一连，是著名"登高英雄"、特等功臣、志愿军"一级英雄"、中华人民共和国"最美奋斗者"杨连第的生前所在连队，1952年被志愿军总部命名为杨连第连，1984年兵改工后更名为杨连第队。70多年来，他们传承"登高精神"，在战时抢修与复旧6条铁路、33座桥梁，和平时期参与20条普速、高速铁路建设，修建各类桥梁50余座。

——中国中交：交融天下，建者无疆。制定了70%以上的水运行业国家标准，设计建设了全国80%以上的万吨级沿海航道，75%的高速公路里程，在桥梁设计建设、航道疏浚、制造研发等方面取得了突出成绩；设计建设了世界规模最大的外海集装箱港——上海洋山港、世界最长跨海大桥——港珠澳大桥、世界第一高桥——北盘江大桥、中巴友谊公路——喀喇昆仑公路等标志性工程。

被誉为"勇克世界级难题的超级工程师"的中交集团总工程师林鸣，长期在一线从事桥梁、隧道、海洋工程等技术工作。他始终以一种"强国筑梦"的责任感，义无反顾地率领团队承担起攀登世界建桥技术高峰的重任，践行着一位共产党员的崇高使命。在港珠澳大桥岛隧工程施工中，面对我国首次建设的外海沉管隧道，也是目前世界上规模最大的公路沉管隧道和世界上唯一的深埋沉管隧道，面对西方国家技术封锁，带领他的"梦之队"，通过数不清的方案论证、数百次的试验，惊艳完成了"海底之吻"，树立起中国由基建大国向基建强国迈进的技术自信，创造了中国桥梁史上的惊世传奇。

——中国建筑：拓展幸福空间、建证美好时代。从一穷二白、筚路蓝缕的"一五""三线"建设，到改革大潮中"三天一层楼"的"深圳速度"，再到武汉疫情时10天建成火神山医院，12天建成雷神山医院的"火雷精神"，建设了全球超过一半的500米以上超高层，国内90%的300米以上超高层建筑。不仅如此，还投资建设了国内3/4的重点机场、3/4的卫星发射基地、1/3的城市综合管廊、1/2的核电站，以及一百多个国家和地区建设的7000多个项目。

“不避艰险、不讲条件”的奉献精神

习近平总书记强调，追梦需要激情和理想，圆梦需要奋斗和奉献。无论时代发生怎样的变化，奉献精神永远是鼓舞和激励中国人民奋发向上的巨大力量。国企姓“国”，流淌着的是“红色的血液”，为国奉献是国有企业的天职；为国家和人民利益不惜一切的奉献精神，是国有企业红色基因中的特有品质。

国有企业自诞生以来，始终将为国奉献当作一种信念、一种追求、一种责任。多年来，国有企业不惜代价、不讲条件，主动承担投资大、收益薄的基础设施和公共服务建设，主动承担周期长、风险大的基础性研发，主动承担重大自然灾害、突发事件的抗击救援，主动承担脱贫攻坚、改善民生的项目实施，为国家建设和人民生活改善提供了坚强支撑。

中华人民共和国成立初期，我国遭受着帝国主义的全面封锁和核威慑。党中央审时度势，果断决定：一定要搞出我们自己的原子弹、导弹和人造卫星。面对“两弹一星”研制过程中，设备和技术条件十分落后，关键材料和图纸十分缺少的情况；面对大西北戈壁滩非常恶劣的自然环境。在党中央、国务院、中央军委的直接领导下，在1958年开始建设的导弹发射与核试验基地，国防科技界的创业者们住帐篷、睡地窖、喝苦水、战风沙，以昂扬斗志战胜艰难困苦，钻研技术，自制设备，攻克道道技术难关，解决了苏联专家撤走后遗留下来的种种难题。不少科学家隐姓埋名，默默无闻一干就是十几年甚至几十年。众多研究所和多个工业部门都以大局为重，毫无保留地大力支持、全力配合，保质保量地按时完成各项协作配套任务。

从1960年11月成功发射第一枚近程导弹，到1964年10月成功爆炸第一颗原子弹；从1966年10月成功进行“两弹”结合飞行爆炸试验，到1967年6月第一颗氢弹空爆实验成功，再到1970年4月第一颗人造卫星发射成功。短短十年时间，我国不仅彻底打破了美、苏核垄断、核讹诈，也使我国迅速成为世界上少数拥有核武器和掌握航天技术的国家之一。

治国必治边，治边先稳藏。20 世纪 50 年代初，面对建设中华人民共和国和巩固西南边疆、促进民族团结进步的形势和要求，党中央做出了全力修筑进藏公路的重大部署。1954 年 5 月 11 日，在慕生忠将军的带领下，由部队战士和沿线民工共同组成的筑路大军，从青海格尔木出发，克服冰天雪地、高原缺氧、后勤补给、土匪骚扰的等多重困难，渡通天激流、越巍峨昆仑，勠力同心、英勇无畏，逢山开道、遇水架桥，凿山挖石、挥镐挑土，夜以继日、艰苦奋战，至 12 月 15 日，仅 7 个月零 4 天的时间，就修通了一条 1283 公里的青藏公路，不仅彻底结束了驻藏部队物资人背马驮的历史，更创造了中华人民共和国公路建设史上的伟大奇迹。由此，居功至伟的慕生忠也被称为“青藏公路之父”。

2014 年 8 月，在川藏、青藏公路通车 60 周年之际，习近平总书记做出重要批示：60 年来，在建设和养护公路的过程中，形成和发扬了一不怕苦、二不怕死、顽强拼搏、甘当路石、军民一家、民族团结的“两路”精神。新形势下，要继续弘扬“两路”精神，养好两路，保障畅通，使川藏、青藏公路始终成为民族团结之路、西藏文明进步之路、西藏各族同胞共同富裕之路。

在世界第三极修建青藏铁路是中国几代人的梦想，也是中国铁路建设者的神圣使命。然而青藏铁路建设条件之苦、难度之大、要求之高，在世界铁路建设史上前所未有。

“青藏铁路要修，要修到拉萨去”“看来还得修青藏铁路”……中华人民共和国成立后，党中央始终心系青藏铁路的建设。1958 年 9 月，青藏铁路西宁至格尔木段开工建设。但经历缓建、停工、复建，直到 1984 年西格段才建成通车。受限于恶劣的自然环境、经济实力等多方面因素，格拉段只能停建。

进入 21 世纪，在西部大开发的奋进号角中，党中央做出重大战略决策：早日建成青藏铁路，实现全国各民族共同繁荣发展。2021 年 6 月 29 日，雪域儿女盼望已久的青藏铁路开工典礼在格尔木和拉萨同时举行，青藏高原沸腾了！

全长 1142 公里的格拉段，比西格段修建难度更高。“过了西大滩，气短腿发软；到了昆仑山，如进鬼门关。”高寒缺氧、多年冻土、生态脆弱是青藏铁路建设三大世界性工程技术难题，这既是一场与恶劣环境的斗争，更是一场精神的淬炼。

在这里，中国中铁五局先后承担了青藏铁路第 5 标段和第 27 标段 82 公里的建设任务。其中昆仑山隧道施工环境更加极端恶劣，全长 1686 米，海拔高度 4648 米，是世界铁路建设史上难度最大、跨度最长的永久冻土隧道，成为全线关注的焦点。经过不断探索，建立“背负式氧气瓶”“员工宿舍富氧室”、大型医用高压氧舱为主的制氧供氧系统，在工地设立卫生所、急救中心、康复中心三级医疗机构，这些医疗保障措施有效解决了缺氧给生产生活造成的困难。从 2001 年 9 月 18 日隧道开工建设到 2002 年 9 月 26 日昆仑山隧道贯通，短短一年多的时光里，参战职工共消耗 12 万瓶 5 公斤重瓶装的氧气。

经过 10 多万筑路大军历时 5 年的艰苦奋战，青藏铁路格尔木至拉萨段建成。至此，世界上海拔最高、线路最长的青藏铁路全线胜利建成通车。犹如吉祥的“哈达”，载着雪域儿女驶向幸福梦想的彼岸。

青藏铁路建设展示的是国家的实力，彰显的是产业工人的志气，在世界之巅筑起了中华民族新的精神高原。青藏铁路建设精神，成为中华民族宝贵的精神财富，成为民族精神、时代精神的重要组成部分。它所昭示的广大建设者“艰苦不怕吃苦”的伟大品格，“缺氧不缺精神”的崇高境界，“风暴强意志更强”的顽强斗志，“海拔高追求更高”的科学态度，伴随着中国中铁的跨越征程，不断得到传承、丰富和发展。而中国中铁五局铸就的“坚韧不拔、吃苦忍耐、拼搏进取、勇于奉献”的青藏铁路昆仑山精神，也一直成为照亮中国中铁五局建设者驰骋雪域，不断奋进的精神灯塔。

党的十八大以来，中国中铁五局传承弘扬青藏铁路昆仑山精神，先后参与建成了拉日铁路、敦煌铁路、格库铁路，以及世界高原冻土公路第一长隧道——青海共玉公路鄂拉山隧道、世界海拔最高公路隧道——青海花久公路雪山一号隧道等多项重难点、高风险的雪域高原交通基础设施工程。

2021 年，拉林铁路开通运营，“复兴号”动车驶过中国中铁五局承建的桑珠岭隧道和明则特大桥，首次开进西藏；2021 年，举世瞩目的川藏铁路建设拉开宏大序幕。

一步跨千年，共好新时代！2022 年 5 月 11 日，这一天对于云南省少数民族独龙族来说，是具有历史性意义的一天。随着南方电网独龙江乡 35 千伏联网工程正式投入运行，彻底结束了该地区孤网运行的时代。

时间回首至2001年，这一年，中国申奥成功，中国加入世界贸易组织……进入21世纪，中国以更加开放的胸襟走向世界。然而在距离繁华热闹的北京数千公里之外，云南金沙江、澜沧江和怒江三江并流的横断山脉地区独龙江大峡谷里，有一个深藏于千山万壑中，与世隔绝、人迹罕至的少数民族群落——独龙族。

与21世纪形成强烈反差的是，作为长期是云南乃至全国最贫穷的地区之一。这里没有水电煤气，也没有钢筋水泥，只有木架土房，与原始的文明。做饭照明，多靠柴火与松明；出去劳作打猎，依靠攀岩与溜索。而乡族内部的通信，更是倚靠“放炮”，一炮代表一般会议，两炮则代表紧急会议，这里的一切，都是最原始的模样……

2004年，“村村通电话工程”在全国范围启动，其中重点工程地区，就有独龙江乡。当时负责独龙江地区通电话工程的正是中国移动。但当他们来到独龙江施工地点时，他们才意识到，这里的施工难度远比想象中还要艰险。独龙江不仅山峻谷深，施工难度大，夏季还有山体滑坡与泥石流等灾害频发，冬季也有几乎一半的时间是大雪封山期。所以，一年之中可以进行施工的黄金窗口期仅有短短两个月。还有更难的是，这里不通公路，所有的建设材料只能靠人挑马驮、肩扛手抬。而最险要的地方甚至要冒着生命危险，背着设备溜索过江。

这里没有电，工程人员只能想办法，自建小水力发电站、太阳能发电站临时使用，这里的地形条件无法建设光缆，甚至要动用卫星、微波等替代手段解决……这个工程足足用了将近三年的时间才得以竣工，当独龙江乡拨通第一个2G电话的那一刻，中国最后一个少数民族不通电话的历史，圆满地画上了句号。

除了通信，第二个改造难题，便是电。2008年，为了彻底解决独龙族人的用电问题，南方电网走进独龙江乡，在这个施工条件最艰难、环境最恶劣的乡镇，实施通电工程，为村民带来“光明”。他们攀岩架桥，在河谷之上，跟蜘蛛一样溜索放线；在丛林之中，通过人力将一根根电线杆抬上山顶……最终，历时两年的时间，2012年，独龙族实现了户户通电。

独龙江乡的经济建设，也一直是党中央深切关心的问题。2014年，独龙族的脱贫致富攻坚战正式打响，当年结束错峰用电话的通信历史，成为第一个整族进入4G时代的民族。我国首个20千伏峡谷孤网在怒江、独龙江投运，独龙江乡用上了更加稳定的电力供应；2015年，独龙江公路高黎贡山隧道，所有附属工程顺利完成，彻底结束了半年雪封山的历史。从此让独龙族人民真正走向了现代文明之路！

2019年5月，中国移动在独龙江乡开通5G试验基站，并成功拨通云南省首个5G高清视频通话。信息高速公路的畅通，让这个昔日最晚进入现代社会的民族，率先进入5G时代。

这是边疆少数民族“一步跨千年”的生动实践。在中国特色社会主义制度下，在南方电网、中国移动、中交集团等中央企业的鼎力建设下，独龙族乡基础设施、特色产业、社会事业、生态环保等发生着翻天覆地的变化，实现了整族脱贫致富奔小康。独龙族人的生活迈向更加幸福美好生活的新征程！

“自力更生、永不止步”的奋斗精神

崇尚奋斗是中华民族自强不息的光荣传统，奋斗精神是中华民族最宝贵的精神财富、最丰沛的精神力量。在国有企业的发展进程中，“自力更生、永不止步”的奋斗精神，始终是战胜各种困难险阻的动力源泉。

中华人民共和国成立后，面对国内经济凋敝、生产萎缩、物资匮乏，国外西方敌对势力封锁禁运的严峻形势，国有企业从诞生之日起就肩负起恢复国民经济，建立独立的、相对完整的工业体系的重任。从筑路大军“逢山开路、遇水架桥”的“开路先锋”精神，到“天高我敢攀，地厚我敢钻，险山恶水听调遣，英雄面前无难关”的壮志豪情；从石油工人“宁可少活二十年，拼命也要拿下大油田”，到国防科技工作者“干惊天动地事，做隐姓埋名人”……各行各业的人们豪情万丈、干劲十足，用生命和鲜血定格了一个个奋斗拼搏的画面，构筑起了建设新国家新社会的精神标识。

第一条成渝铁路建成通车、第一辆国产汽车下线、第一座长江大桥通车、第一个大型油田投产、第一台国产电视机诞生、第一颗原子弹爆炸……我国制造能力从弱到强、产业体系从无到有、工业布局从偏到全、交通运输从点到面，其他事业也实现了零的突破，全面建设社会主义取得了重大成就。尤其是

1956 年到 1966 年的这十年，是我国社会主义现代化建设奠基立业的十年，很多成就对我国经济社会发展不仅影响一时，而且影响深远，甚至直到今天仍起到基础性作用。可以说，国有企业创造的一系列“中华人民共和国第一”，发挥了无可替代的巨大作用。

1959 年 9 月 26 日，中华人民共和国成立 10 周年前夕，随着一股工业油流从松辽盆地北部的“松基 3 井”喷涌而出，大庆油田正式诞生，粉碎了国际敌对势力以石油为武器，对中华人民共和国进行政治孤立、经济封锁、军事威胁的企图。从此，中国甩掉了“贫油”的帽子，中国石油工业屹立在世界东方。

在此过程中，以铁人王进喜为代表的石油人，拼命鏖战三年拿下大油田，并从 1976 年开始，连续 27 年实现 5000 万吨以上高产稳产。至今，大庆油田仍然保持年产量 4000 万吨左右。截至 2019 年，大庆油田已为共和国开采了 23.9 亿吨原油、1320 亿立方米天然气，成为名副其实的世界级大油田，创造了一个又一个世界石油开发史上的奇迹。

2019 年 9 月，习近平总书记在致信祝贺大庆油田发现 60 周年时指出：“大力弘扬大庆精神、铁人精神，不断改革创新，推动高质量发展，肩负起当好标杆旗帜、建设百年油田的重大责任，为实现‘两个一百年’奋斗目标、实现中华民族伟大复兴的中国梦做出新的更大的贡献。”

干惊天动地事，做隐姓埋名人。他们征服茫茫戈壁、踏过深山峡谷、自力更生、艰苦奋斗，铸就了“两弹一星”惊世伟业，挺起了民族的脊梁，永远铭记在共和国的史册上。

只有自力更生，才能搞出我们自己的原子弹！1959 年，正值我国核武器事业发展的关键时期，苏联突然毁约停援，撤走了全部在华专家。国际著名物理学家王淦昌临危受命。

当时的王淦昌刚刚因为发现反西格玛负超子，被视为诺贝尔奖的有力竞争者，但当组织上提出要他隐姓埋名、秘密主导我国原子弹研究时，这位年过半百的老专家毫不迟疑，他掷地有声地说：“我愿以身许国！”从此，一位名扬中外的世界顶尖科学家从国际物理学界消失了 17 年。王淦昌去哪儿了？为早日爆响“争气弹”，他改名为“王京”，奔赴核武器研究的第一线。

当时的环境是恶劣的，高寒缺氧、飞沙走石；条件是艰苦的，没有砖房，就住在军用帐篷里，没有粮食，就去挖野菜、掏老鼠洞；工作是艰辛的，用手搅拌炸药，常常还没做完试验，就被风沙、汗水裹成了泥人；操作是危险的，徒手插雷管，爆炸物四处飞射……

但是作为基地里最年长的科学家，在海拔3200米的青海高原上，王淦昌和同志们一样忍受头晕、目眩、心悸等高原反应，还亲自爬到100多米高的铁塔上，对试验装置进行逐项检查。他也因饥饿得了浮肿病，但仍坚持和大家一起生活、一起工作。

他常说：“搞科学研究的人，不能怕艰苦，饭吃饱了就行，我们甚至可以过原始人的生活。”3000多次的爆轰试验，终于使他们掌握了核弹爆炸的规律。

2003年，一颗小行星被命名为“王淦昌星”，王淦昌这个名字也永远铭记在我们心中。

邓稼先，我国“两弹一星”元勋，王淦昌先生的学生。在原子弹研制之初，时任二机部副部长钱三强找到邓稼先，对他说：“国家要放一个大炮仗，组织希望你能参与到这个工作中来，你愿不愿意啊？”

面对国家的需要，邓稼先义无反顾肩负起了国家使命。但由于保密需要，面对妻子“去哪儿？做什么？去多久？”的追问，他只能回答“不能说，不能说，不能说啊。”从那天后，他走进大漠荒烟，始终站在中国核武器研究、设计、制造的第一线，与家人聚少离多了整整28年。

这28年，他错过了儿女的次次生日；28年，错过了对妻子的深情陪伴；28年，错过了病重母亲病床前的尽孝……

邓稼先曾说：“研制核武器是中国人民的核心利益所在，我不爱武器，我爱和平，但为了和平，我们需要武器。假如生命终结后可以再生，那么，我仍选择中国，选择核事业。”

1964年10月16日，中国第一颗原子弹爆炸成功，让中华民族挺起了脊梁。而邓稼先并没有就此止步，在中华人民共和国进行的45次核试验中，32次都有他的身影，15次都是邓稼先亲自指挥的。

此身长报国，拿命换科研。于敏，从未留过洋、纯靠自力更生的“国产专家”。就在王淦昌、邓稼先等科学家开展原子弹研制工作的同时，他克服重重困难，开始主导我国研制氢弹的各项工作。面对世界核大国的技术封锁，他带领团队从零开始，开启了夜以继日的“百日大会战”。在大西北，吃夹砂子的馒头，喝着苦碱水，忍受冬季零下 30 多度的极寒天气，只为完成氢弹的核试验。在氢弹研制过程中，于敏长期奔波在北京和西北之间，因过度劳累和沉重的精神压力，几次与死神擦肩而过。在核爆试验中，他身体虚弱几经晕厥，却依然坚持抓紧时间抢进度，不惜一切代价也要搞出氢弹物理方案。

“为了祖国的安全，我愿意为国家和民族的事业贡献自己的一切。”为了祖国的核事业，一直工作到 93 岁的于敏，这样说道。这是一位科学家的传奇，也是中华民族自力更生、艰苦奋斗铸就的不朽丰碑。

科学无国界，但科学家有自己的祖国，他们用实际行动诠释了“以身许国”的誓言。

1999 年 9 月 18 日，时任中共中央总书记江泽民在表彰为研制“两弹一星”做出突出贡献的科技专家大会上发表讲话，将“两弹一星精神”概括为“热爱祖国、无私奉献、自力更生、艰苦奋斗、大力协同、勇于登攀”二十四个字。

“两弹一星”精神是爱国主义、集体主义、社会主义精神和科学精神的生动体现，是中国人民在 20 世纪创造的宝贵精神财富，对于全面建成小康社会，实现中华民族伟大复兴的中国梦具有重大意义。

2020 年 9 月 11 日，习近平总书记在科学家座谈会上表示，希望广大科技工作者不忘初心、牢记使命，秉持国家利益和人民利益至上，继承和发扬老一辈科学家胸怀祖国、服务人民的优秀品质，弘扬“两弹一星”精神，主动肩负起历史重任，把自己的科学追求融入建设社会主义现代化国家的伟大事业中去。

“求真务实、改革创新”的专业精神

专业精神是时代的呼唤，也是社会主义核心价值观的题中应有之义。我国历史上的专业精神源远流长，从古代的鲁班雕木成凰、庖丁解牛，到中华人民共和国成立后的大庆精神、“两弹一星”精神、载人航天精神等，都是专业精神在不同历史时期的生动彰显。专业精神同样也是国有企业红色基因中的优秀品质。

党的十八大以来，从创新是引领发展的第一动力，到全面实施创新驱动发展战略；从坚持把科技创新摆在国家发展全局的核心位置，到把科技自立自强作为国家发展的战略支撑，中国特色自主创新道路越走越宽广。

党的十八大以来，国有企业在服务国家经济社会发展中承担了一大批示范性带动性重大项目和标志性工程，深入探索科技创新的“星辰大海”，在能源、交通、建筑、高端装备制造、新材料等重要产业领域取得了一系列重大突破，形成了中国桥、中国路、中国车、中国港、中国网等全方位的建设能力，在载人航天、探月工程、深海探测、高速铁路、特高压输变电、移动通信等领域取得了一批具有世界先进水平的重大科研成果，掌握了一大批关键核心技术，有力推动了国家综合竞争力不断提升。

高速铁路、5G 网络等建设世界领先，“天问”探火星、“嫦娥”登月球、“神十三”与“天和”核心舱成功对接；全社会研发投入与国内生产总值的比例由 1.91%提高到 2.44%，全球创新指数的排名由第 34 位上升到第 12 位……2021 年，我国全社会研发经费是 2012 年的 2.7 倍，基础研究经费是 2012 年的 3.4 倍。我国全球创新指数排名 10 年上升了 22 位，是世界各国中唯一持续快速上升的国家。

2020 年 7 月 31 日，习近平总书记出席在北京举行的北斗三号全球卫星导航系统建成暨开通仪式，铿锵有力地宣布道：“北斗三号全球卫星导航系统正式开通！”这标志着我国建成了独立自主、开放兼容的全球卫星导航系统。自此，50 多颗北斗导航卫星以高精度星网，忠诚守护着国计民生，为全球提供导航服务。

北斗三号全球卫星导航系统的建成开通，是我国攀登科技高峰、迈向航天强国的重要里程碑，是我国为全球公共服务基础设施建设做出的重大贡献，是中国特色社会主义进入新时代取得的重大标志性战略成果，凝结着一代代航天人接续奋斗的心血，饱含着中华民族自强不息的本色，对推进我国社会主义现代化建设和推动构建人类命运共同体具有重大而深远的意义。

北斗卫星导航系统是中国自主建设、独立运行、与世界其他卫星导航系统兼容共用的全球卫星导航系统。可在全球范围、全天候、全天时为各类用户提供高精度、高可靠的定位、导航、授时服务，是当今全球卫星导航系统四大供应商之一。北斗卫星导航系统的卫星与运载火箭，分别由中国航天科技集团有限公司所属的中国空间技术研究院和中国运载火箭技术研究院研制生产。

按“三步走”发展战略，从先有源后无源，先区域后全球，北斗卫星导航系统走出了一条中国特色的卫星导航系统建设道路，成为中国改革开放40年来取得的重要成就之一，也是我国迄今为止规模最大、覆盖范围最广、服务性能最高、与人民生活关联最紧密的巨型复杂航天系统。参研参建的400多家单位30余万名科研人员合奏了一曲大联合、大团结、大协作的交响曲，孕育了“自主创新、开放融合、万众一心、追求卓越”的新时代北斗精神。这是中国航天人在建设科技强国征程上立起的又一座精神丰碑，是与“两弹一星”精神、载人航天精神既血脉赓续，又具有鲜明时代特质的宝贵精神财富，激励着广大科研工作者继续勇攀科技高峰，激扬起亿万人民同心共筑中国梦的磅礴力量。

“值此‘奋斗者’号全海深载人潜水器成功完成万米海试并胜利返航之际，谨向你们致以热烈的祝贺！向所有致力于深海装备研发、深渊科学研究的科研工作者致以诚挚的问候！”2020年11月28日，习近平总书记致信祝贺“奋斗者”号全海深载人潜水器成功完成万米海试并胜利返航。

习近平总书记在贺信中指出，从“蛟龙”号、“深海勇士”号到今天的“奋斗者”号，你们以严谨科学的态度和自立自强的勇气，践行“严谨求实、团结协作、拼搏奉献、勇攀高峰”的中国载人深潜精神，为科技创新树立了典范。希望你们继续弘扬科学精神，勇攀深海科技高峰，为加快建设海洋强国、为实现中华民族伟大复兴的中国梦而努力奋斗，为人类认识、保护、开发海洋不断做出新的更大贡献！

2020年10月10日，“奋斗者”号从海南省三亚市崖州湾南山港码头启航，前往西太平洋马里亚纳海沟海域实施万米深潜试验任务。10月27日，下潜首次突破万米，并于11月10日创造了10909米的中国载人深潜新纪录。11月13日，完成了世界上首次载人潜水器与着陆器在万米海底的联合作业，向全社会进行了视频直播。11月28日上午，“奋斗者”号全海深载人潜水器完成万米海试并胜利返航。

“奋斗者”号全海深载人潜水器是“十三五”国家重点研发计划“深海关键技术与装备”重点专项的核心研制任务。作为人类历史上第 4 艘全海深载人潜水器，为实现万米海底作业目标，“奋斗者”号在研制建造及海试电视直播过程中突破了一系列关键核心技术。中科院金属研究所、理化技术研究所、声学研究所、沈阳自动化研究所、力学研究所等单位，与中国船舶集团第七〇二研究所等单位密切配合、集智攻关，顺利完成了钛合金载人舱、固体浮力材料、高速数字水声通信系统、自动控制系统、机械手等关键技术攻关工作，为“奋斗者”号总装集成提供了核心技术支撑，为实现“奋斗者”号关键技术国产化目标做出了突出贡献。

从攻克“蛟龙”号三大国际领先技术中的高速水声通信技术(声学系统)和自动航行与悬停定位技术(控制系统)两项，到实现“深海勇士”号常态化运维，再到“奋斗者”号研制与海试成功，中科院打造了一支深海领域的战略科技力量，汇聚了以“奋斗者”号、“深海勇士”号载人潜水器和“海翼”“海斗”“天涯”“海角”等无人潜水器为代表的深海装备集群，为开展深海深渊科学探索提供了有力支撑。

“读了来信，我想起了 9 年前在你们那里同青年科研人员交流的情景。9 年来，从天宫、北斗、嫦娥到天和、天问、羲和，中国航天不断创造新的历史，一大批航天青年挑大梁、担重任，展现了新时代中国青年奋发进取的精神风貌。”

“建设航天强国要靠一代代人接续奋斗。希望广大航天青年弘扬‘两弹一星’精神、载人航天精神，勇于创新突破，在逐梦太空的征途上发出青春的夺目光彩，为我国航天科技实现高水平自立自强再立新功。”

2022 年 5 月 2 日，在“五四”青年节到来之际，中共中央总书记、国家主席、中央军委主席习近平给中国航天科技集团空间站建造青年团队回信，向航天战线全体青年致以节日的祝贺，并向他们提出殷切期望。

从中华人民共和国成立时的一穷二白，到 2021 年全年发射次数达 55 次，位居世界第一，中国航天人一步一个脚印，一次次刷新“中国高度”，托举中国不断迈向航天强国。当前，空间站建造等航天重大工程任务团队平均年龄仅

35岁左右，面对航天这一世界公认的高难度巨复杂的系统工程，一代代航天青年在老一辈航天专家“传帮带”下，创造了载人航天100%的成功飞行记录，先后将20人次中国航天员送入太空，同时也造就了一支“特别能吃苦、特别能战斗、特别能攻关、特别能奉献”的载人航天队伍。

航天科技空间站建造青年团队主要由航天科技五院的总体、控制与推进、测控与通信、数据管理、热控、仪器仪表、空间技术试验与总装测试、总体电路、结构与机构、机械臂、回收着陆等分系统研制队伍中的35岁以下青年人员构成，团队总人数为103人，平均年龄为32岁，硕士及以上学历占73%。

航天科技空间站建造青年团队始终心怀“国之大者”，敢于战胜一切艰难险阻，先后攻克了可爬行机械臂、双自由度柔性高效太阳翼等一系列只掌握在极少数国家手中的关键技术，使空间站能力比肩国际空间站，在发供电、物资循环利用效能和运行经济性等关键性能指标上实现超越。在没有大型运输工具的情况下，团队以特有的建造方案，完成积木加桁架混合构型的大型空间站组装建造。宇航级耐辐射的大规模集成电路、大功率器件、高可靠CPU等器件，太阳电池翼的基板材料和镀膜等专项技术，实现核心元器件全部国产化，走出了独立自主的创新之路。

在空间站建造过程中，团队先后提出了“天和献百年，一站定苍穹”“天舟献百年，一帆济星海”“神舟献百年，一骑掌天宫”的铿锵誓言，并以连战连捷的优异成绩为空间站全面建成奠定了坚实基础。

当前，随着中国空间站建造大幕的拉开，新一代载人飞船技术的突破，我国已具备了开展载人登月研制任务的条件，以黄震为代表的航天科技空间站建造青年团队也踏上了研制月面着陆器的新征程。

当今世界正经历百年未有之大变局，争夺技术创新制高点的竞争日趋激烈。当前我国经济已迈向高质量发展阶段，经济结构优化和提质增效是“十四五”时期工作的重点。同时，新一轮科技革命和产业变革正重塑全球经济结构，受新冠肺炎疫情影响，百年未有之大变局加速演变，大国之间的竞争不断加剧。

构建以国内大循环为主体、国内国际双循环相互促进的新发展格局的核心是实现高水平自立自强，对内扩大内需，对外提高竞争力和抗风险能力，其中的关键是建立现代产业体系、突破关键核心技术、提高自主创新能力、进而提升产业链安全和实现产业链现代化。

“推动我国产业转型升级，增强我国在全球产业链供应链创新链中的影响力”“加强创新链和产业链对接”。2021 年 1 月 11 日，习近平总书记在省部级主要领导干部学习贯彻党的十九届五中全会精神专题研讨班开班式上发表重要讲话明确指出，中央企业等国有企业要勇挑重担、敢打头阵，勇当原创技术的“策源地”、现代产业链的“链长”。

推动中央企业打造现代产业链链长，是习近平总书记和党中央着眼党和国家事业发展全局，向国资央企直接交办的重大政治任务，是关系中央企业高质量发展、关系国家和民族根本利益的一件大事，对国资央企也是巨大鼓舞和有力鞭策。作为中国特色社会主义经济的顶梁柱，是党和国家最可信赖的依靠力量。中央企业在补齐产业短板、锻造产业长板上肩负重任，在捍卫我国经济安全、产业安全上责无旁贷。

历史的关键时刻，需要央企再一次挺身而出。2021 年 3 月 29 日，国资委党委和中央企业党委(党组)以视频会议形式举行理论学习中心组联学会。国资委党委书记、主任郝鹏指出，推动中央企业加快打造原创技术策源地和现代产业链链长，着力打造国家战略科技力量，增强产业链稳定性和竞争力，促进实现高水平的自立自强，为党和国家事业发展做出更大贡献。

在国资委指导下，央企深刻领会党中央战略意图和重大关切，围绕国家产业战略安全和发展需要，站位全局、主动作为，积极打造现代产业链链长，在畅通国民经济循环、实现科技自立自强、培育完整内需体系和高水平对外开放中，发挥了排头兵、国家队作用。

开展链长工作以来，央企充分利用中央企业在技术、人才、资金等方面的优势，巩固提升优势产业领域的国际领先地位，加快补齐产业链关键领域、关键产品、关键技术的薄弱环节和短板弱项，维护好产业链稳定安全。

北京冬奥列车在京张高铁清河站上线，在世界上首次实现时速 350 公里自动驾驶；基于飞腾 CPU 的智慧电厂——华能瑞金电厂二期工程建成投运，标志着我国发电行业信息监控系统具备安全自主可控能力；中国移动与中国远洋海运、东风公司联合开发的“智慧港口 2.0”升级方案线上发布，“5G+北斗”港口专网已具备“交钥匙”能力……央企动作频频、成果丰硕，背后是一条条产业链日益强韧和畅通，有效提升了产业链现代化水平，为构建新发展格局提供了有力支撑。

从公路成网、铁路密布、西气东输到南水北调、高铁飞驰、巨轮远航……通过深化改革、优化调整，国有企业逐步向关系国家安全、国民经济命脉、国计民生的重要行业和关键领域、重点基础设施集中，大多处于产业链上游，承担着大量重大工程、重大专项，对于社会各类企业具有较强的辐射力、影响力、带动力。

国有企业在疫情防控战役中率先复工复产对于激发市场活力、提振社会信心具有极其重要的作用。在全力做好疫情防控工作的同时，国有企业按照分区、分行业、分类、分项目原则，详细制定全面复工复产方案，带头实现能复尽复、能产尽产、能开尽开，像一股春日暖流融通“冻结”的产业链，带动上下游其他企业复工复产，扩产能、稳就业。为对冲疫情影响，推动稳增长，国有企业促增量、稳存量并举，积极扩大投资，稳定预期。“复兴号”恢复生产，5G 应用建设提速，重大工程、重点项目密集开建……国有企业火力全开、机器轰鸣，让世界看到了中国疫情防控的积极成效，更看到了中国经济的巨大韧性和潜力。

“万众一心、众志成城”的团结精神

中华民族是具有伟大团结精神的民族。中国人民以强大的凝聚力、向心力经受住一次次严峻考验，向世人展示了永不褪色的伟大团结精神。

团结一心，是国有企业红色基因中一以贯之的品质。长期以来，国有企业的这种精神，充分发挥了大国重器的顶梁柱作用，造就了国有企业总是在党和人民需要的关键时刻拉得出、冲得上、顶得住、打得赢的优秀品质。尤其在大国工程建设、抗震救灾、洪水抢险、疫情防控等重要时段，国有企业总能以“万众一心、众志成城”的团结精神，展现出“一方有难、八方驰援”的生动实践，凝聚起如钢似铁、坚不可摧的强大力量。

2018 年 4 月 24 日，习近平总书记在视察三峡工程时指出，三峡工程的成功建成和运转，使多少代中国人开发和利用三峡资源的梦想变为现实，成为改革开放以来我国发展的重要标志。这是我国社会主义制度能够集中力量办大事优越性的典范，是中国人民富于智慧和创造性的典范，是中华民族日益走向繁荣强盛的典范。

高峡拥抱着平湖，平湖辉映着高峡。三峡工程，世界规模最大的水利枢纽工程，工程总量、装机规模等均居世界第一，技术难度和复杂性前所未有，堪称世界级“难题库”。

牵动赤子之心，激荡民族情怀，凝聚起“休戚与共、风雨同舟”的磅礴合力！为攀登这座水电高峰，4 万余名建设者云集三峡，他们怀揣“为我中华、志建三峡”的水电报国理想，上演了一场“团结协作、众绘宏图”的“群英会”。

7 摄氏度：三峡大坝混凝土拌合楼出机口温度。这是保证大坝建设质量的关键一环。从这一环开始，为保证浇筑质量，参建各方齐心协力：管理人员大胆决策，采购混凝土连续浇筑系统；设计人员勇于创新，提出“夏吃冰棍、冬穿棉袄”的温度控制新工艺；监理人员日夜值守，确保工程质量安全可控；施工人员手握 40 公斤振捣棒，一干就是十多个小时。参建各方众志成城，创造了混凝土年浇筑量世界纪录，筑起了让党和人民放心的大坝。

70 万千瓦：三峡电站单台机组装机容量。为三峡工程装上“中国心”，三峡集团与东电、哈电等水电装备制造全产业链协同配合，在较短的时间内，掌握了 70 万千瓦水电机组设计制造自主知识产权。以三峡工程为牵引，一重、二重实现了大型铸锻件国产化；宝钢、武钢掌握了硅钢等关键材料生产工艺；国家电网则完全掌握了超高压 50 万伏直流输电核心技术。全产业链协同攻关，用短短 7 年时间，实现了我国水电装备制造水平由 30 万千瓦向 70 万千瓦的历史性跨越。

7 公里：三峡船闸航道总长度。在仅有 200 米宽的狭窄作业面上，武警水电、葛洲坝、三七八联营体等 5 家单位的近万名建设者，拧成一股绳、劲往一处使，你开山我筑堤、你凿孔我插锚，像纳鞋底一样，将船闸边坡铆成了铜墙铁壁。7 个寒暑，削平了 18 座山头，硬是开凿出一条长达 7 公里的“人工运河”。

三峡工程建设，从来没有单打金牌，只有团体冠军。1997 年 11 月 8 日，一场横锁长江的“世纪之战”在三峡工地打响！400 辆卡车组成“钢铁长龙”；10 余吨巨石激起排空浊浪；总指挥沉着冷静、把控大局；重卡司机斗志昂扬、冲锋在前；水文技术员全神贯注、密切监测；此时此刻，全国人民都在关注这一刻——大江截流。

20 米、10 米、5 米……随着最后一车石料投入江中，堵住龙口，截流现场沸腾了！所有人都欢呼雀跃、相拥而泣。在欢呼的人群中，三峡工程设计总工程师郑守仁笑得像孩子一样，要知道，他是此次截流方案的提出者。为了大江截流，他夙兴夜寐，熬了上千个日夜；而为了整个三峡工程，他更是殚精竭虑，坚守工地整整 27 年。他一生以大江大河为伴，以工地工棚为家，两次患癌三次手术依然坚“守”在建设一线，他的生命早已和三峡工程融为一体，是名副其实的“三峡之子”。

131.03 万，这是三峡移民总人数，意味着每 1000 名中国人中就有一名是三峡移民。这是中国乃至世界工程移民史上的奇迹！为了让移民搬得出、稳得住、逐步能致富，中央与时俱进地提出开发性移民方针，出台多项重大优惠扶持政策。国家 51 个部门和单位、21 个省区市、10 个大中城市对口支援，11 个接收省全力安置 20 万外迁移民，形成全社会支持库区移民开发和安置的良好局面。

2002 年 11 月 6 日，三峡工程导流明渠顺利合龙，为水库初期蓄水、永久船闸通航和首批机组发电创造了条件。

三峡大坝巍然矗立，防洪屏障横跨南北；滚滚江水浩荡东流，清洁电能分送四方；五级船闸迎来送往，黄金水道川流不息。三峡工程，凝结着民族梦想、国家力量、人民智慧。从一百年前的设想到如今“截断巫山云雨，高峡出平湖”，我们建成的是大坝，耸立的是精神。

2020 年 11 月，三峡工程完成整体竣工验收全部程序。根据验收结论，三峡工程建设任务全面完成，工程质量满足规程规范和设计要求、总体优良，运行持续保持良好状态，防洪、发电、航运、水资源利用等综合效益全面发挥。

新冠肺炎疫情，是中华人民共和国成立以来发生的传播速度最快、感染范围最广、防控难度最大的一次重大突发公共卫生事件。

2020 年初，抗击新冠肺炎疫情的号角吹起。面对来势汹汹的疫情，国资委党委及时部署，中央企业星夜驰援，凝聚起磅礴伟力，充分彰显了国企力量、国企效率和国企精神。在大战大考中，国有企业以“听从号令、忠诚担当”的爱国精神，冲锋在第一线，战斗在最前沿，以坚强意志、必胜决心去打赢这场没有硝烟的战争。

79 岁的全国勘察设计大师、中国中元医疗首席总建筑师黄锡璆在请战书中写道：“本人是共产党员，与其他年轻同事相比家中牵挂少，具有非典小汤山实战经验。本人向组织表示，随时听从组织召唤，随时准备突击参加抗击工作”。没有战火硝烟、枪林弹雨，却直面病毒肆虐的生死考验，一封封请战书、一个个红手印、一句句铮铮誓言，展现的是国有企业广大干部职工“不获全胜、誓不收兵”的大无畏革命精神。

为了快速提升收治能力，中国建筑等央企主动请缨、尽锐出战，兑现了“十天建成救命医院”的庄严承诺。在火神山、雷神山等专项医院建设过程中，国有企业在各条战线、各个领域通力合作、密切配合，电力企业 24 小时不间断供电保电，矿业、建筑企业全力筹集建设物资，石油石化企业免费提供柴油和润滑油，通信企业积极建设 5G 基站、部署远程诊疗设备，为专业医院的如期完工提供了坚强助力。火神山、雷神山两座医院拔地而起，百余座专门医院、方舱医院建设改造完成，讲述着“中国速度”的奇迹。

面对疫情防疫物资紧缺，许多国有企业发挥“没有条件创造条件也要上”的责任担当，在大多数企业原来并不生产口罩及其原材料、设备等情况下，不惜代价整建制、成规模地转产紧缺医疗物资，全力推进医疗防护物资生产。中央企业医用口罩生产量从零起步到日产量达到 461.7 万只，为支援抗疫和复工复产做出了积极贡献。

为全力保障防疫物资和重要民生商品供应，载满希望的航班，捐款、捐物、免费服务保障，是央企对人民的真情实意。中国石油、中粮集团、国药集团等 10 家中央企业做出承诺，疫情期间做到价格不涨、质量不降、供应不断，对保持市场稳定起到了重要作用；煤电油气运等基础保障行业国有企业对疫情期间中小企业生产经营所需的用电、用水、用气费用，实施阶段性缓缴，缓缴期间实行欠费不停供措施；国家电网出台八项举措，坚决落实阶段性降低用电成本政策，减免电费约 489 亿元；电信企业面向渠道代理商和终端厂商出台帮扶举措，助力合作伙伴尽快恢复生产经营；招商局集团、华润集团、保利集团等企业主动减免商户、中小企业春节期间租金和服务费 10 多亿元。

围绕研发有效药物这一关键任务，国有涉医涉药企业加强协同、各展所长，率先成功研制出新型冠状病毒核酸分子检测试剂盒，迅速供应各地用于一线检测，全力为疫情防控提供支撑保障；率先提出采用新冠肺炎康复者恢复期血浆用于临床治疗的方法，在应用于重型和危重型患者临床治疗过程中取得良好效果。

在新冠肺炎疫情防控中，国有企业充分发挥科技创新先锋队的专业精神，将大数据、人工智能、5G 技术、云计算等“新武器”投入到实战中，红外体温测量仪、移动 CT 影像车、远程会诊、动态体温监护系统、大数据支撑分析、远程教育在线培训等产品或服务先后投放市场，服务政府、医疗机构、企业和广大群众，取得了良好的防控效果。中国电科基于国家卫生健康委员会、交通运输部、铁路总公司和民用航空局等部门数据，为政府疫情防控部门研发了疫情防控大数据平台“密切接触者测量仪”。中国电信依托 5G 技术、医疗影像云平台、超声机器人技术，支持武汉火神山、安徽省立医院、浙江省人民医院、张家港第一人民医院完成了一例又一例新冠肺炎病患的远程评估、诊疗，为疾病诊治送上制胜法宝。

在大战大考中，国有企业以“求真务实、改革创新”的专业精神，贡献真知灼见，提供有力的科技支撑；国有企业以“不避艰险、不讲条件”的奉献精神，牢记人民利益高于一切，竭尽全力满足人民群众的需求，国企速度、国企效率、国企决心令世界瞩目。

第二章

从“开路先锋”精神探寻国企先进精神在中国中铁的传承与践行

2019 年 1 月，习近平总书记到雄安新区考察调研，同中国中铁京雄城际铁路建设者视频连线，他勉励大家说，城市建设、经济发展，交通要先行，你们正在为雄安新区建设这个“千年大计”做着开路先锋的工作，功不可没。

作为一家有着 127 年历史渊源的建筑央企，中国中铁拥有百年红色基因，代代薪火相传。特别是因为修建中华人民共和国成立后的第一条铁路——成渝铁路，接过贺龙司令员亲自授予的“开路先锋”大旗那一天起，中国中铁人在南征北战、穿山越洋的征程中，用听党话、跟党走、筑路报国的实际行动，为国家的基础设施发展做永远的“开路先锋”。

2021 年，面对百年变局和世纪疫情交织叠加等诸多挑战，中国中铁以习近平新时代中国特色社会主义思想为指导，深入贯彻落实党中央、国务院决策部署以及国资委工作要求，高举“开路先锋”大旗，聚焦高质量发展，强化战略引领，大力推动效益提升、价值创造，各项经济指标创历史新高，营业收入首次突破万亿元大关，实现了“十四五”开门红。

第一节　中国中铁：永远的“开路先锋”

勇于跨越，追求卓越。中国中铁，永远的“开路先锋”。

中国中铁股份有限公司(以下简称中国中铁)是集勘察设计、施工安装、工业制造、房地产开发、资源矿产、金融投资和其他业务于一体的特大型企业集团，总部设在中国北京。作为全球最大建筑工程承包商之一，中国中铁连续16年进入世界企业500强，2021年在《财富》世界500强企业排名第35位，在中国企业500强排名第5位。

中国中铁拥有一百多年的历史源流。1950年3月为中国铁道部工程总局和设计总局，后变更为铁道部基本建设总局。1989年7月，经国务院批准撤销基本建设总局，组建中国铁路工程总公司。2000年9月，与铁道部实行政企分开，整体移交中央大型企业工作委员会管理。2003年5月由国务院国资委履行出资人职能。2007年9月12日，中国铁路工程总公司独家发起设立中国中铁股份有限公司，并于2007年12月3日和12月7日，分别在上海证券交易所和香港联合交易所上市。2017年12月由全民所有制企业改制为国有独资公司，更名为中国铁路工程集团有限公司。

中国中铁业务范围涵盖了几乎所有基本建设领域，包括铁路、公路、市政、房建、城市轨道交通、水利水电、机场、港口、码头，等等，能够提供建筑业“纵向一体化”的一揽子交钥匙服务。此外，公司实施有限相关多元化战略，在勘察设计与咨询、工业设备和零部件制造、房地产开发、矿产资源开发、高速公路运营、金融等业务方面也取得了较好的发展。

中国中铁是全国首批“创新型企业”，拥有3个国家重点实验室及4个博士后工作站，共获国家科技进步奖110项，其中特等奖5项，一等奖15项。同时还先后荣获全国最佳诚信企业、全国学习型组织标兵单位、全国抗震救灾先进集体、全国农民工工作先进集体、全国五一劳动奖状等多项殊荣。

中国基础设施建设的“开路先锋”

这是一支守山餐、伴风眠、“劈山斩水敢胜天”的开路铁军。

中国中铁累计建成的铁路干线占全国铁路总里程的2/3，建成的铁路干线可绕地球赤道两圈多，引领中国百姓迈入高铁时代；建成的地铁、轻轨占全国城市轨道交通工程总里程的3/5；建成的高速公路占全国总里程的15%；建成的跨江跨海大桥、穿山越洋长大隧道长达4万多公里。

——社会主义革命和建设时期。20世纪50年代，参建新中国第一条铁路——成渝铁路、新中国第一条通往少数民族地区的铁路——天兰铁路、中国境内第一条横贯东西的客货共线铁路——陇海铁路、中国第一次在海上筑堤修路的鹰厦铁路、中国第一条沙漠铁路——包兰铁路、中国第一条通往青藏高原的铁路——兰青铁路，承建万里长江第一桥——武汉长江大桥。建国十周年北京十大建筑之一的新北京站落成，毛泽东视察后亲笔题写“北京站”站名。

20世纪60年代，承建中国铁路第一个电力牵引区段宝成铁路宝凤段电气化改造工程，参建连通陇海铁路的兰新铁路、中国第一条地下铁道——北京地下铁道第一期工程、当时最长双线公铁两用特大桥——南京长江大桥、被誉为二十世纪人类三大奇迹之一的成昆铁路。

20世纪70年代，参建中国最长的复线铁路——京广铁路武昌至衡阳段、全国桥隧密度最大和桥墩最高的襄渝铁路，承建新中国第一条全线电气化铁路——宝成铁路、中国最大援外项目——坦赞铁路、中国第一条一次建成的电气化铁路——阳安铁路。

截止到20世纪70年代末，中国中铁各单位共参与修建了38条新干线和67条新支线，约两万八千多公里铁路。

——改革开放和社会主义现代化建设时期。这段时期，中国中铁不仅建成一大批横贯东西、贯穿南北的中国铁路干线，在高速公路、市政、城市轨道工程建设领域抢占先机，由行政性企业向现代企业制度转变，成功在沪港两地整体上市，实现了跨越式发展，一大批创世界纪录的工程项目脱颖而出，由世界铁路和重大基础设施建造技术的追赶者变为领跑者，开始成为世界最大的基础设施承包商之一。

20 世纪 80 年代，参建中国第一条复线电气化铁路——石太电气化铁路、中国第一条一次建成的双线电气化铁路——京秦铁路、中国第一条高原铁路——青藏铁路西宁至格尔木段，承建亚洲铁路第一桥新荷铁路长东黄河大桥、中国首次进行软弱围岩施工的复线铁路隧道——衡广复线新建南岭隧道、中国最长双线电气化铁路隧道——衡广复线大瑶山隧道，参与全国最大、第一个实现综合自动化大型路网编组站——郑州北编组站的现代化改造工程。

20 世纪 90 年代，承建当时中国功能最齐全的火车站——深圳新客站，世界强涌潮河段上第一座桥梁、预应力混凝土连续梁位居世界之冠的钱塘江二桥；参建中国第一条重载单元列车的双线电气化运煤专线——大秦铁路；全国最长的复线铁路桥、长江上最长的大桥、第一座全栓焊钢桥——九江长江大桥；参建中国投资最多、规模最大、技术最先进、功能最全的客运站——北京西站，参建国家“八五”计划一号工程，中国国内投资最多、一次性建成的最长双线铁路——京九铁路；参建标志着我国在艰难山区修筑铁路和建设桥隧的科学技术水平进入世界先进行列的南昆铁路、中国最长的铁路隧道——秦岭隧道。

进入 21 世纪以来，参建世界海拔最高、最长、穿越冻土里程最长等 8 项世界纪录的青藏铁路，建成中国投资额最大的桥梁——杭州湾跨海大桥；参建中国第一条拥有完全自主知识产权，时速达 350 公里的高速铁路——京津城际铁路；承建万里长江第一隧——武汉长江隧道，创双塔三索面公铁两用斜拉桥跨度世界纪录的武汉天兴洲长江大桥；参建的世界上一次建成运营里程最长、运营时速最快的京沪高铁开通运营；建设移交的国内最大地铁 BT 项目——深圳地铁 5 号线；参建中国造价最贵、桥隧比最高的山区铁路——宜万铁路；承建世界最长公铁两用桥——郑新黄河大桥公路桥、世界同类桥梁中跨度最大的公铁两用斜拉桥——黄冈长江大桥主桥、世界首座主跨超千米的三塔两跨悬索桥——泰州长江公路大桥。

——进入中国特色社会主义新时代。党的十八大以来，中国中铁人在工程领域“翻山”“入地”“跨海”“穿江”“上天”几乎无所不往，高速铁路建设全面发力，向史无前例的“八纵八横”目标进发。一条条铁路、公路在延伸，“一带一路”当先锋、打头阵，一项又一项超级工程以前所未有的深度和广度改变着国家和世界的模样，让中国在全球的基建领域留下“基建狂魔”的名号。

2012 年，参建的世界首条高寒地区高速铁路——哈大高铁、世界运营里程第一的京广铁路正式开通运营；承建的世界最大跨度四线铁路斜拉桥——宁安铁路安庆长江大桥合龙。

2013 年，参建的世界上已开通运营的最长全地下站点地铁线路——北京地铁 10 号线全线贯通运营；参建的世界上最长最宽的多塔斜拉桥——嘉绍大桥、承建的世界最大主跨三塔两跨悬索桥——马鞍山长江公路大桥全线贯通；参建的国家能源安全重大战略性工程——中缅天然气管道全线贯通、世界海拔最高风电场——那曲高海拔试验风电项目首期成功实现并网发电。

2014 年，参建的世界地热温度最高、内燃机车牵引隧道最长、高海拔风沙治理最难的拉日铁路实现全线通轨，世界最长高原铁路隧道——青藏铁路西格二线关角隧道双线贯通；承建的国内最长海底公路隧道——青岛胶州湾海底隧道正式运营；参建的国内最长高铁——兰新高铁通车；承建的世界跨度最大的三塔四跨悬索桥——武汉鹦鹉洲长江大桥建成通车。

2015 年，承建的世界最重转体桥——山东省邹城市跨铁路立交桥成功转体、世界最大地下储气水封洞库——万华烟台工业园 LPG 地下水封洞库成功投产、世界第一高桥最大跨度混凝土拱桥——沪昆高铁北盘江特大桥胜利合龙、世界最大跨度重载铁路桥梁——蒙华铁路荆州长江公铁特大桥主跨钢梁合龙。

2016 年 5 月，承建的世界海拔最高特长公路隧道——国道 317 线雀儿山隧道正式贯通；参建的中国东西向线路里程最长、经过省份最多的高速铁路——沪昆高铁开通运营。

2017 年，承建的单线全长 28.4 公里的成兰铁路平安隧道顺利贯通，填补了中国强烈地震带、极端地质条件下特长隧道施工空白；承建的天津地铁 5、6 号线文化中心 1 标 8 条隧道全部贯通，这是国内目前规模最大的麻花状地铁隧道群；承建的世界穿越沙漠最长高速公路——京新高速公路、世界最大跨海钢桁拱桥——梅山春晓大桥正式通车。

2018 年，承建的世界海拔最高公路隧道——米拉山隧道，世界上埋深最大、提升高度最大、洞型最复杂、单拱跨度最大的暗挖铁路车站隧道——京张高铁新八达岭隧道贯通。

2019 年，参建的中俄首座跨江铁路大桥——中俄同江铁路大桥全线贯通；承建的世界上海拔最高的特长公路隧道——川藏公路米拉山隧道建成通车；承建的中国第一铁路长隧、亚洲最长山岭铁路隧道——大瑞铁路高黎贡山隧道 1 号竖井主井刷新国内铁路竖井最深施工记录；承建的世界最长、国内首座跨海峡公铁两用大桥——平潭大桥元洪航道桥中跨合龙成功；参建的中国首条智能高铁、北京东奥配套项目——京张高铁全线开通运营。

始终心怀国之大者的“开路先锋”

“国之大者”，是指关乎党和国家前途、民族命运的大使命、大方向、大格局、大利益、大战略，是党和政府关注的最核心、最关键、最迫切的问题。党的十九大以来，习近平总书记在考察、看望参加、出席主持等重大活动时，发表的一系列重要讲话中，多次提到和强调“国之大者”。要求党员干部要心怀“国之大者”、提出“让人民生活幸福是‘国之大者’”，应当“对‘国之大者’了然于胸”。

中国中铁是党领导下的建筑央企，一直以来听党话跟党走，在国家及“一带一路”基础建设中勇当先锋，在推进企业高质量发展上勇争一流，在履行央企社会责任方面勇担重责，为我国全面建成小康社会、实现第一个百年奋斗目标做出了重大突出贡献。

踏上全面建设社会主义现代化国家的新征程，中国中铁党委不忘初心、牢记使命，以勇当心怀“国之大者”开路先锋的央企责任担当，把党和国家的决策部署贯彻落实好，体现落实到谋划重大战略、制定重大政策、部署重大任务、推进重大工作的实践中，全面加快世界一流企业的建设步伐。

——在深入学习贯彻中，勇当心怀“国之大者”的“开路先锋”。党的政治建设是党的根本性建设，决定党的建设方向和效果。提高政治建设质量，就是要全面学习贯彻习近平新时代中国特色社会主义思想，深刻领悟“两个确立”的决定性意义，不断提升政治判断力、政治领悟力、政治执行力，切实增强“四个意识”，坚定“四个自信”，做到“两个维护”。

近年来，中国中铁党委建立了“第一议题”机制，把学习习近平总书记重要讲话和重要指示批示精神列为党委会“第一议题”；建立了落实习近平总书记重要指示批示台账机制，确保做到个个有方案、层层有督导、件件有落实。特别是成立“三个转变”研究院，与国务院国资委联合举办中央企业高端装备制造创新成就展，蓄力打造“三个转变”的先锋阵地。

2021 年 8 月 2 日，中国中铁党委召开学习贯彻习近平总书记“七一”重要讲话精神专题宣讲报告会，特邀中央文献研究室原副主任、党史学习教育中央宣讲团成员陈晋做题为《以史为鉴，开创未来》的宣讲报告。会议要求全公司要持续深入学习贯彻习近平总书记“七一”重要讲话精神，推动新时代企业改革发展和党的建设。要永葆“志不改、道不变”的坚定信念；要永葆“心同向、行同步”的绝对忠诚；要永葆“同呼吸、共命运”的为民情怀；要永葆“当先锋、争一流”的目标追求；要永葆“拒腐蚀、永不沾”的政治本色。

2021 年 8 月 26 日，中国中铁党委召开中心组学习会议暨全国国企党建工作会议精神贯彻落实情况“回头看”工作汇报会，学习重温习近平总书记关于国有企业改革发展和党的建设的重要论述，传达学习国资委党委书记、主任郝鹏在中央企业负责人学习贯彻习近平总书记“七一”重要讲话精神研讨班暨提高政治能力专题培训班上的讲话精神。

党的十九届六中全会召开后，中国中铁党委第一时间深入学习贯彻精神，深刻领悟“两个确立”的决定性意义，深刻认识新时代的原创性思想、变革性实践、突破性进展、标志性成果，切实增强“两个维护”的自觉性和坚定性，自觉在思想上政治上行动上与党中央保持高度一致；强调要坚持稳中求进工作总基调不断提高把握新发展阶段、贯彻新发展理念、构建新发展格局的战略眼光、政治能力、专业水平，敢于担当、善于作为、持之以恒推动企业向更高质量、更高水平发展迈进；要求从党的百年奋斗重大成就和历史经验中启迪智慧、汲取力量，聚焦“国之大者”“国之大计”“民之大事”，以实实在在的行动把全会精神学习好、贯彻好、落实好，持续推进“我为群众办实事”实践活动不断走深走实、取得实效。

——在展现责任担当中，勇当心怀“国之大者”的“开路先锋”。作为党和人民最可信赖最可依靠的力量，为党分忧、为国尽职、为民奉献是国有企业的重大政治使命、政治责任，造就了国有企业总是在党和人民需要的关键时刻必须靠得住、拉得出、冲得上、打得赢的优秀品质。作为中央企业，中国中铁在主动承担重大自然灾害、突发事件的抗击救援，主动承担脱贫攻坚、改善民生的项目实施，总是第一时间冲锋在前，尽显责任担当。

勇于抗击新冠肺炎疫情。2020 年初以来，面对突如其来的新冠肺炎疫情，中国中铁充分发挥大国重器的顶梁柱作用，以伟大精神凝聚磅礴伟力，在大战中践行初心使命，在大考中交出合格答卷，充分彰显了中铁力量、中铁效率和中铁精神。

在抗击新冠疫情“大战大考”中，中国中铁第一时间快速反应，第一时间做出部署，第一时间发出号令。广大员工义无反顾、逆疫出征、积极作为，参与完成了武汉火神山、雷神山等 46 家医院的援建工作。公司投资建设了雄安新区“容东片区建设者之家”一号营地疫情防控应急工程，组织向社会捐款 8704 万元，彰显了中铁担当。聚焦“六稳六保”“两个力争”，不讲条件、不计得失，迅速复工复产，广泛开展抗疫情保增长“大干一百天”专项劳动竞赛和“决战四季度、决胜保目标”攻坚行动，建成了京雄城际、沪苏通长江公铁大桥、大柱山隧道等一批超级工程，中老铁路、雅万高铁、匈塞铁路等“一带一路”重点工程取得重大进展，带动就业 100 多万人，有力发挥了大国重器顶梁柱的关键作用。1 人获全国抗疫先进个人，3 人获中央企业抗疫先进个人，1 家单位获中央企业抗疫先进集体。

2020 年是“十三五”收官之年，是中国中铁发展史上极不容易、极不平凡的一年。一年来，面对严峻复杂的外部形势，特别是在疫情冲击、经济下行等极度困难的情况下，公司坚持以习近平新时代中国特色社会主义思想为指导，坚决落实党中央、国务院决策部署以及国资委党委工作要求，以勇当心怀“国之大者”“开路先锋”的精神气概，不忘初心、牢记使命、勇挑重担、攻坚克难，充分彰显了国资央企顶梁柱的作用。

2022年6月9日，中国中铁召开稳增长工作推进会，深入贯彻落实习近平总书记关于高效统筹疫情防控和经济社会发展的重要讲话和重要指示批示精神，贯彻落实国务院全国稳住经济大盘电视电话会议精神，以及中央企业做好上半年稳增长工作专题会部署要求，对全公司进一步抓好二季度乃至全年稳增长工作进行再部署再强化，动员全公司干部职工坚定信心、加压奋进，以更高的站位、更强的担当、更大的作为，全力以赴实现上半年“双过半”目标任务，接续拼搏完成年度稳增长发展目标，努力为稳定经济大盘做出中国中铁贡献，以优异成绩迎接党的二十大胜利召开。

有力助推脱贫攻坚乡村振兴。2021年2月25日，习近平总书记在全国脱贫攻坚总结表彰大会上庄严宣告，我国脱贫攻坚战取得了全面胜利，创造了又一个彪炳史册的人间奇迹！在这场伟大的脱贫攻坚战役中，中国中铁党委坚定不移贯彻党中央决策部署，认真落实国资委党委工作要求，始终牢记央企政治责任和社会责任，充分发挥自身在基础设施建设、劳动技能培训、吸纳农民工就业、消费扶贫等方面优势，积极参与脱贫攻坚，展现央企责任担当。

自2002年开展定点帮扶工作以来，中国中铁各级组织探索出了一条产业扶贫、教育扶贫、就业扶贫、干部扶贫、交通扶贫等多措并举的扶贫新路径。全公司累计投入扶贫资金9亿多元，选派110名优秀干部挂职帮扶，为5.1万多名贫困县劳动力提供就业岗位，在帮扶36个贫困县(村)贫困人口实现了全面脱贫，充分彰显了央企脊梁本色。

2020年6月24日，在“七·一”建党节到来之际，受中国中铁党委委托，中国中铁五局代表中国中铁向“半条被子”故事发生地汝城县沙洲村捐赠710条被子。表示将持续贯彻落实习近平总书记关于脱贫攻坚的重要指示精神，再集结、再出发，确保帮扶力度不减、劲头不松，助力汝城县经济社会发展迈上新台阶。

2020年4月20日，习近平总书记在柞水县考察时，点赞中国中铁一局投资援建的木耳产业是“小木耳，大产业”。9月16日，在汝城县参观“半条被子的温暖”专题陈列馆时，在中国中铁捐赠棉被的展柜前，读出了捐赠棉被上写的“半条被子，温暖民心。践行承诺，鱼水情深。”总书记在讲话中再次用“半条被子”的故事教育我们不忘初心、牢记使命，让老百姓生活更加富裕、更加幸福。这是对中国中铁人极大的鞭策和鼓舞，将大力弘扬脱贫攻坚精神，继续努力做好乡村振兴这篇大文章。

为扎实推动乡村振兴工作，巩固脱贫攻坚成果，展现国企担当，2021 年 7 月，中国中铁新增承担了对西藏昌都卡诺地区的定点帮扶，并由集团公司领导带队赴拉萨组织召开中国中铁第九批援藏干部座谈会。对援藏干部考核和慰问，成为国务院国资系统第一家由集团公司领导带队进藏开展援藏干部考核和慰问的中央企业。

2021 年 9 月，中国中铁在与国家乡村振兴局双方就巩固拓展脱贫攻坚成果和全面推进乡村振兴工作的会谈中，表示将认真贯彻落实党中央、国务院重要决策部署，深化与国家乡村振兴局的全方位合作，以高度的政治责任感和使命感，积极发挥全产业链一体化优势，巩固拓展脱贫攻坚成果，全面投身乡村振兴建设，成为国家、地方政府充分信赖的可靠力量，为全面推进乡村振兴贡献中铁智慧和中铁力量。

贯彻落实绿色发展理念。走向生态文明新时代，建设美丽中国，是实现中华民族伟大复兴的中国梦的重要内容。2015 年 1 月，大理洱海之滨，习近平总书记殷殷嘱托“一定要把洱海保护好，让‘苍山不墨千秋画，洱海无弦万古琴’的自然美景永驻人间”。牢记总书记的深情牵挂，中国中铁五局将承建的洱海环湖截污工程双廊、挖色两座水质净化处理厂和环湖截污管道工程，成功打造为高原湖泊治理标杆工程。

将“建设美丽中国”作为奋斗目标，中国中铁积极投身长江大保护、长三角生态绿色一体化发展示范区建设、黄河流域生态保护、石家庄市滹沱河生态修复、佛山市南海区北村水系流域水环境综合治理等项目，加强绿色施工科技攻关，大力推广应用新技术、新工艺、新材料、新设备助推绿色可持续发展；设计施工的毛泽东故居山水林田综合治理项目，成为首个国家红色文化遗产环境治理示范点；以四川广安全域治理、陕西商洛全域治理等为代表的水环境治理工程，为国家水资源的合理开发、保护利用树立起行业典范。

积极参与清洁能源开发项目。中国中铁在各施工项目上积极研发推广使用地源热泵、光伏发电、热电冷三联供、空气能使用等清洁能源技术。在工程项目开发运营和房地产开发业务中，实现清洁能源技术和资源使用平台的优势互补，确保开发的工程项目在清洁能源开发利用、能源节约、生态环境保护、集中供暖供冷等领域达到先进水平。在深圳地铁 6 号线设计中，充分利用日照条件充足、太阳能资源丰富的特点，在 12 个高架站钢结构屋面上均安装了光伏发电板，每年平均发电量约为 234 万度，相当于替代了 2. 34 万吨标准煤，减排二氧化碳 22. 59 万吨，成为国内首次分布式光伏发电规模化应用的地铁线。

积极参与环保产业。中国中铁成立水务环保行业的综合企业——中国铁工投资建设集团有限公司，下设水务、市政环保建设、智慧城市、生态环境、绿色资源开发五个子专业公司。2021 年，该集团承建了合肥王小郢、上海浦东新区白龙港等多项污水处理环保项目；主导总承包了北运河通州段综合治理、北京市凉水河水环境综合治理、湖北省当阳市城乡污水综合治理、内江沱江流域水环境综合治理 PPP 项目等。

——在建设一流企业中，勇当心怀“国之大者”的“开路先锋”。进入新时代，党和国家事业取得历史性成就，中国中铁企业改革发展取得重大进展。通过深入开展党史学习教育，教育引导广大党员树立大历史观，深刻感悟党科学把握历史规律和世界大势的宝贵经验，始终胸怀中华民族伟大复兴战略全局和世界百年未有之大变局，心怀“国之大者”，增强工作的系统性、预见性、创造性，扎实推进“十四五”工作，在新起点新征程上育新机、开新局。

向第二个百年奋斗目标进军，这标志着我国进入了一个新发展阶段。中国中铁始终心怀“国之大者”，加快建设产品卓越、品牌卓著、创新领先、治理现代的世界一流企业。全面落实“两个一以贯之”，加快完善中国特色现代企业制度；深入开展世界一流企业创建示范行动，对标世界一流管理提升行动、价值创造行动；深入实施创新驱动发展战略，加快打造原创技术“策源地”；进一步强化全产业链发展优势，当好现代产业链“链长”；要坚持高水平开放合作，充分利用国际国内两个市场、两种资源，积极参与国际标准制定，切实履行社会责任；统筹推进“六支人才队伍”建设，为建设世界一流企业提供坚强人才保证和智力支持；纵深推进企业全面深化改革，确保国企改革三年行动高质量收官。

“十三五”期间，中国中铁传承百年“红色基因”，把坚决当好“两个基础”作为第一责任。倾心服务国家战略，全面对接京津冀、长三角、粤港澳大湾区等国家重大战略，勇担服务基础设施补短板、交通强国等重大使命，与65个省、市签订战略合作协议，巩固发展传统市场领域，大力挺进新兴领域，在城市综合体、地下综合管廊、海绵城市、棚户区改造、共有产权住房、水利工程、“新基建”等市场实现突破，培育了新的增长极。倾心打造中国品牌，建成了以京张高铁、港珠澳大桥、浩吉铁路、北京大兴国际机场以及地铁领域等一批广受国内外赞誉的重大典范工程，以公司为主承建的战略性世纪工程川藏铁路顺利开工，不断刷新以中国路、中国桥、中国隧、中国高铁、中国盾构等为代表的各类“中国纪录”和“中国名片”的新高度；积极落实共建“一带一路”倡议，发起成立丝路国际联盟，推动“一带一路”“互联互通”重点项目建设15个，建成了中老铁路、亚吉铁路、乌兹别克斯坦安帕铁路卡姆奇克隧道、摩洛哥穆罕默德六世大桥等重大项目。

2021年7月22日，习近平总书记视察拉林铁路，考察了由中国中铁牵头组织实施的展陈，并做出重要指示。指出“要统筹谋划好西部边疆铁路网建设，充分论证、科学规划，更好服务边疆地区高质量发展和广大人民群众高品质生活”。

2021年7月17日，中国中铁党政工团在大渡河特大桥施工现场，隆重举行中国中铁“开路先锋杯”劳动竞赛暨党建主题实践活动启动仪式。动员各级组织和广大党员干部职工，牢记总书记的嘱托，通过开展以“五比五创三加强”为主要内容的劳动竞赛，进一步传承和发扬“两路”精神和青藏铁路精神，大力弘扬“开路先锋”文化，激发全体参建单位和广大员工的积极性、主动性和创造性，在这一世界性战略工程建设中，直面困难、攻坚克难、挑战极限、争创一流，创造新的历史伟绩，为中华民族增光添彩，为企业发展再立新功。

勇于科技创新发展的“开路先锋”

这是一支越沧海、跨天堑、“敢教日月换新天”的创新先锋，从探索中国首条电气化铁路、首条高速铁路到建造世界上首条高原铁路、最长跨海大桥……见证了“中国建造”从追赶到引领的跨越。

中国中铁是国家科技部、国务院国资委和中华全国总工会授予的全国首批“创新型企业”。共获国家科技进步和发明奖 127 项，其中特等奖 5 项，一等奖 16 项；现拥有有效专利授权 18568 件，其中发明专利 3969 件；拥有高速铁路建造技术国家工程实验室、盾构及掘进技术国家重点实验室、桥梁结构健康与安全国家重点实验室和 18 个国家认定的企业技术中心，取得了一大批具有自主知识产权的核心技术，以盾构机为代表的高端装备制造水平实现大突破，产销量连续四年世界第一；多个产品获得央企十大“国之重器”、十大“创新工程”。

中国中铁在特大桥、深水桥、长大隧道、铁路电气化、桥梁钢结构、盾构及高速道岔的研发制造、试车场建设等方面，积累了丰富的经验，形成了独特的管理和技术优势。在桥梁修建技术方面，有多项修建技术处于世界先进水平；隧道及城市地铁修建技术处于国内领先水平，部分技术达到世界先进水平；铁路电气化技术代表着当前中国最高水平。特别是系统掌握了不同地质结构、不同气候环境、不同轨道类型等多种条件下的高速铁路建造技术，铸就了“中国高铁”的国家名片。

作为国家创新型企业，中国中铁以推动中国向交通强国迈进为己任，始终把创新作为引领发展的第一动力，以重点工程为依托，通过产学研用联合攻关，不断研发创新，在高速铁路、高原铁路、桥梁工程、隧道及地下工程、轨道工程等领域始终保持国际领先水平，在重载铁路、城市轨道交通、工业制造、四电集成、房屋建筑、特殊路基与灾害防治等方面取得突破性进展，助推了行业勘察设计、工程施工、工业制造技术进步。

在雪域高原，攻克“多年冻土、高寒缺氧、生态脆弱”三大世界性难题，造就了中国新世纪四大工程之一的青藏铁路；在黄河之下，挑战极端地质，修建“万古黄河第一隧”，助力南水北调穿越天堑；在长城脚下，秉承匠心，设计建造中国首条智能高铁京张高铁，续写京张百年传奇；在世界三大暴风潮海域之一的台湾海峡，架起平潭海峡大桥，再次刷新世界最长跨海峡公铁大桥纪录……创新的脚步，让中国中铁走在了时代的前沿，累计建成的铁路占中国铁路总里程的2/3，建成的磁悬浮、地铁、轻轨占全国城市轨道交通工程总里程的3/5，建成的高速铁路占中国高速铁路总里程的55%，建成的跨江跨海大桥、穿山越洋长大隧道长近5万公里。

“十三五”期间，中国中铁共获国家科学技术奖24项，省部级科学技术奖（含国家认可的社会力量设奖）1477项，土木工程詹天佑奖50项，省部级工法2349项，新增国家科技创新平台9个。随着企业自主创新能力持续增强，中国中铁“国家队”示范效应显著，全球竞争力大幅提升。

与此同时，从2002年11月派出专业队伍首次随中国科考队奔赴南极人类生命禁区开展中国南极科考站建设任务开始，中国中铁还先后17次远征南极，承担了中山站、长城站、昆仑站的建设和维护任务，把中国的南极科考站从几个简易的集装箱铁皮房，改造成为集科研、观测、生活、环保、医疗、娱乐等功能于一体永久性的现代化“小城镇”，并缔造了“挑战极限、不辱使命”的南极建设精神。

习近平总书记强调，只有创新才能自强、才能争先，要坚定不移走自主创新道路。党的十八大以来，中国中铁紧紧围绕构建新发展格局，深入推进“科改示范行动”，加大自主创新研发投入，在智能高铁、智能高速公路、智慧城市、装备制造等方面，加快突破一批前沿技术，加快锻造一批长板技术，加快新技术在国家重点工程建设中的实践运用。

2011年6月，国内最大的盾构研发制造基地——中铁装备盾构研发制造基地在郑州正式建成投产。

2014年5月10日，是令30万中国中铁人永远铭记的一天，更是令无数中国企业振奋鼓舞的一天。这一天，习近平总书记在视察中国中铁装备集团时，对其突破盾构机系统集成技术壁垒的自主创新给予肯定，做出“推动中国制造向中国创造转变，中国速度向中国质量转变，中国产品向中国品牌转变”的重要指示。“三个转变”掀开了我国高质量发展的新篇章，开启了中国品牌发展的新征程。

坚持在自主创新中做强中国智造品牌。作为“三个转变”重要指示和“中国品牌日”的发源地，中国中铁始终以践行“三个转变”重要指示为己任，牢记嘱托，不负使命，坚持以科技创新为核心，以质量提升为抓手，以品牌打造为目标，不断推动企业转型升级和高质量发展，切实把“三个转变”重要指示转化为建设世界一流企业的生动实践。

2017年3月，在习近平总书记“三个转变”重要指示的指引下，中国中铁整合旗下中铁山桥、中铁宝桥、中铁科工和中铁装备四家核心工业企业组建全新的中铁工业，并在A股上市。百年老店，重装出发。盾构机、钢桥梁、道岔、架桥机四项主营产品全部通过工信部“制造业单项冠军”认定，行业领军者地位进一步稳固。同年4月，国务院批准将每年5月10日定为“中国品牌日”。

2018年9月，自主研制的直径15.8米的最大直径泥水平衡盾构机——“春风号”盾构机下线，标志着中国盾构的设计制造迈向高端化。“春风号”盾构机以及参建的港珠澳大桥双双入选“2018年度央企十大创新工程”。自主研制的40米跨1000吨运架成套设备研制成功，引领了世界高铁建造新方向。

2020年9月，自主研制的直径8.64米的土压平衡盾构机(粤海41号)正式下线，这也是中国中铁自主研制的第1000台盾构机，标志着我国全断面隧道掘进机步入高速发展“快车道”。自主研制的世界第一组时速600公里高速磁浮道岔下线，成为目前世界上通过速度最高的高速磁悬浮道岔，是一次“无人区”的“中国创造”。

近年来，中铁工业积极构建“开放、共享、绿色、协同”的科技创新体系，加大科技投入和人才引进，打造高端科研人才聚集地。心怀“国之大者”，主动承担破解“卡脖子”使命，申报了盾构机主轴承示范应用等7项国家重点研发课题。加强科技创新力度，“973计划”项目顺利通过科技部验收，完成3米直径盾构机主轴承及减速机国产化应用。2020年10月，我国首台使用国家强基工程国产3米级主轴承盾构机“中铁872号”成功通过掘进验收。在施工现场，这颗“中国芯”展现出了强大实力，受到业主好评；同年12月，基于北斗导航系统研制出铺轨机自动驾驶系统，这项国内首创的技术大大提高了铺轨机的自动化程度，将铺轨精度提高了4倍，并有效降低了成本，成为工程局“新宠”。

科技创新是企业全面创新的核心引擎，也是实现企业高质量发展的根本动力和强大支撑。“十三五”以来，面对复杂多变的发展环境和突如其来的新冠肺炎疫情冲击，中国中铁强化企业主体创新地位，完善具有中国中铁特色的“两级四层”创新体系，优化企业科技创新模式，加强创新人才队伍建设，发挥企业集科研、设计、施工、装备制造全产业链一体优势，攻克了一批“高大难新”工程建造关键核心技术，形成了一大批具有自主知识产权，国内领先、世界一流的科技成果。科技创新为中国中铁实现更高层次的创新驱动发展提供了源源不断的动力。

技能人才队伍快速壮大。加强科技人才培养，大力实施“人才强企”战略，制定人才引进管理办法和高端人才培养实施规划，实施了“5100 人才工程”，构建了“提素质、扩渠道、增待遇、强管理、树形象”五位一体的技能人才建设体系，形成了“1+N”技能人才队伍建设制度体系，涌现出国际隧道与地下空间协会女主席严金秀等高端人才。企业目前拥有技能人才 8 万多名，其中高级技师 6094 人、技师 11437 人、享受国家有关部门特殊津贴 14 人、全国技术能手 36 人、中华技能大奖获得者 4 人。

企业管理水平显著提升。坚持科技促进管理提升，充分利用互联网、物联网、大数据等新载体，创新管理机制和管控模式，推动企业管理的制度化、规范化、流程化。中国中铁加强体系创新，持续完善企业管理体系，系统提升企业运营效率；加强模式创新，在集团管控模式、商业模式、生产组织模式、数字化管理模式等方面开展创新，充分发掘并运用自身发展优势，大幅提升管理效能；加强管理创新，建立常态化、开放性管理实验室创新平台，推动管理体系和管理能力现代化建设，企业管理水平显著提升。

领跑智能建造和其他专业领域。大力建设数字中铁，研发的桥梁、轨道等 BIM 正向设计软件，打造形成了统一完整的站前专业 BIM 正向设计平台，研制的盾构云、装备云、城市地下空间工程大数据、大型桥梁结构健康监测等平台系统，实现装备物联和监测物联，着力推动装备和桥梁的远程操控、监测预警、智能诊断和智慧管养。以智能化为代表的制造工厂推动了智能制造水平提高。通过围绕产业链部署创新链，中国中铁在工程建设领域实现了全面创新、全链创新，筑牢了企业转型升级基础，成为引领世界高速铁路发展乃至全球建筑业发展的重要力量。

践行“一带一路”倡议的“开路先锋”

这是一支塑匠魂、传真情、“壮志西行追古踪”的开放使团，是我国最早“走出去”的大型企业集团之一，也是我国参与“一带一路”建设当之无愧的“开路先锋”。自20世纪70年代建设长达1861公里的坦桑尼亚至赞比亚铁路项目开始，到实现非洲亚吉铁路的全产业链运营，中国中铁先后在亚洲、非洲、欧洲、南美洲、大洋洲等多个国家建设了一大批精品工程，将“中国建造”的优秀品质传播至上百个国家和地区。

截至目前，海外经营范围遍及北美、南美、东欧、西非、东非、南太平洋、东南亚、中东等上百个国家和地区。在2020年ENR全球最大承包商排名第2位，国际承包商排名第13位；在2021年《财富》世界500强排名35位。

回顾“走出去”历程，作为最早“走出去”的中国企业之一，中国中铁早在20世纪六七十年代就承建了迄今为止我国最大成套援外项目之一——坦赞铁路，这条铁路也成为东非和中南非的交通大动脉，被坦赞两国人民乃至整个非洲誉为“自由之路”“南南合作的典范”。中国中铁先后派遣工程技术人员近5万人参与修建这条非洲“生命线”，艰苦程度无法用笔墨描述，70多位援建人员为此献出宝贵的生命。

改革开放以来，中国中铁在发展中逐步率领所属部分成员单位从劳务输出、合作分包到对外承包、劳务合作，从“借船出海”到走向海外自主承包境外工程，迅速将海外业务拓展到多个国家和地区，承揽各类工程500余项，仅铁路修建总里程就达3200多公里。

2007年，中国中铁股份有限公司整体上市后，进一步响应中央“走出去”号召，加大国际市场开发力度，国际业务快速发展，国际市场规模明显扩大。在境外开展了铁路、公路、桥梁、隧道、房屋建筑、城市轨道、市政工程等承包工程业务，涉及了境外矿产资源开发、房地产开发和实业等投资领域。

2000年至2012年，是中国中铁“走出去”的成长阶段，中国中铁力克日韩企业，承揽孟加拉国帕克西大桥修建项目，成为中国桥梁走出国门的早期标志。

2013年秋天，国家主席习近平首次提出共建“丝绸之路经济带”和21世纪

“海上丝绸之路”的倡议。习近平主席指出，如果将“一带一路”比喻为亚洲腾飞的两只翅膀，那么互联互通就是两只翅膀的血脉经络。加强设施联通，能够助推沿线国家经济增长，并为推动世界经济增长提供持续动能。

“一带一路”倡议的实施，为世界经济特别是沿线各国带来了巨大的发展机遇，得到国际社会的广泛关注和积极响应。国际铁路、国际港口、国际公路……一批交通设施重点工程不断推进，连点成线、织线成网，取得了“一带一路”建设的早期收获。

“一带一路”倡议提出后，作为中国基础设施建设特别是高速铁路建设的领军企业，中国中铁积极响应，以“一带一路”建设的“开路先锋”和主力军为己任，以“设施联通”为重点共建高质量“一带一路”，专门成立了中国中铁“一带一路”工作领导小组，充分发挥企业在基础设施建设领域的专业优势，深入研究、谋划布局，推进重点项目落实。在重大基础设施，特别是在高铁勘察设计、建造施工、工程装备等拥有核心技术方面充分发挥综合优势，投身海外项目建设，取得了显著成就。

在非洲地区：参建东非第一条电气化铁路亚吉铁路，是中国企业在海外建设的第一条全产业链“走出去”的铁路，开辟了埃塞俄比亚乃至东非腹地物资出口的通道，90%的进口物资由此进入；承建的埃塞俄比亚首都亚的斯亚贝巴城市轻轨，是采用中国铁路技术标准的非洲大陆首条现代化城市轻轨；承建的坦桑尼亚基甘博尼大桥是东非首座最大斜拉式跨海大桥，被当地民众誉为“东非最壮观的桥”“东非第一大桥”；在刚果(金)，承建的卢当德里桥有力改善了当地交通，并被印上该国独立50周年纪念币，成为中刚友谊的重要标志……

在东南亚地区：参建的中老铁路项目，全线采用中国技术标准，使用中国设备，是第一个以中方为主投资建设并运营，与中国铁路网直接连通的境外铁路项目，对推动“一带一路”建设和“互联互通”具有重大意义；参建印尼雅万高铁项目是中国高铁全方位整体走出去的第一单项目，标志着中国从引进高铁技术、标准和设备到开始向全球输出中国技术、标准和设备，建成后将有力带动沿线地区打造“雅万高铁经济带”；承建的孟加拉国帕德玛大桥连接线项目是孟中印缅经济走廊的重要支撑项目；承建的湄公河大桥是昆曼公路全线控制性工程，使连通中国昆明至泰国曼谷的“大湄公河次区域南北经济走廊”成为现实；承建的越南河内城市轨道交通吉灵至河东线，是河内市轨道交通线网中的主干线，对缓解河内市城区交通压力、联动城市与郊区共同发展具有重要意义；承建的马来西亚南部铁路项目，是中国企业在马来西亚独立建设的首条铁路。

在欧洲地区：参建的匈塞铁路项目作为中国在欧盟实施的首个铁路基础设施项目，是中国-中东欧国家“17+1”合作机制下的新旗舰项目，为中国基建行业和中国中铁的走出去书写了浓墨重彩的一笔，建成后将在匈塞两国之间增加新的铁路快速通道；在格鲁吉亚姆茨赫塔-姆季阿涅季州，Kvesheti至Kobi公路隧道建成后将大大提高南北走廊公路通行效率和行车安全，强化该国作为欧亚十字路口的重要地缘及经贸地位。

在中亚地区：承建的白俄罗斯奥西波维奇-日罗宾铁路电气化项目，是中国铁路产品和铁路施工服务“走出去”的良好示范案例。改造后列车比原来速度更快，节约了当地人民的出行时间；承建的安帕铁路卡姆奇克隧道是中国企业在乌兹别克斯坦承建的最大工程，被称为“中亚第一长隧”和“总统一号工程”。

“十三五”期间，中国中铁在“一带一路”合作国家累计新签合同额586.60亿美元，占公司海外整体新签合同额的74%。特别是2020年，克服境外疫情比较严重等困难，积极推动雅万高铁、新加坡地铁、中老铁路、孟加拉国帕德玛大桥及铁路连接线等“一带一路”重点工程取得重大进展，倾心打造了“中国高铁”“中国大桥”“中国隧道”“中国装备”“中国电气化铁路”等系列“硬核”产品，推动国家品牌形象实现大增强。特别是中铁盾构装备为巴黎地铁项目提供了“中铁方案”，标志着中国盾构进入全球顶级高端市场，得到了各方一致好评，彰显了“中国力量”，叫响了“中国品牌”，更充分展现了中国中铁作为“一带一路”建设国家队、主力军和先行者的不懈努力和伟大梦想。

中国中铁参建的“一带一路”项目中，涌现出大批精品工程，不仅带动了国内产业链整体输出，积极有效开展境外产能合作，同时还促进了工程所在国别基础设施建设、改善民众生活条件、促进当地经济繁荣和发展，为沿线各国人民开辟了实现互联互通、共同发展、通往美好未来的新途径。

2021 年 11 月 19 日，习近平总书记在北京出席第三次“一带一路”建设座谈会并发表重要讲话，强调完整、准确、全面贯彻新发展理念，以高标准、可持续、惠民生为目标，巩固互联互通合作基础，拓展国际合作新空间，扎牢风险防控网络，努力实现更高合作水平、更高投入效益、更高供给质量、更高发展韧性，推动共建“一带一路”高质量发展不断取得新成效。

中国中铁党委书记、董事长陈云作为中央企业代表之一参加了座谈会，现场聆听了习近平总书记重要讲话。他说，习近平总书记的重要讲话高瞻远瞩、把脉定向，为新时代共建“一带一路”工作提供了根本遵循。表示中国中铁作为“一带一路”的重要参与者，要深入学习领会和贯彻落实习近平总书记重要讲话精神，统筹考虑和谋划构建新发展格局和共建“一带一路”，坚定不移推进共建“一带一路”高质量发展，与沿线国家一道和衷共济、携手努力，再现古丝绸之路的荣耀与辉煌，谱写建设“丝绸之路经济带”和 21 世纪“海上丝绸之路”的新篇章，为实现中华民族伟大复兴的中国梦、推动构建人类命运共同体做出新的更大贡献。

典范工程：中老两国务实合作的旗舰项目——中老铁路

2021 年 12 月 3 日 16 时 44 分，由中国中铁设计并主力施工的“一带一路”、中老友谊标志性工程中老铁路全线开通运营。中共中央总书记、国家主席习近平同老挝人民革命党中央总书记、国家主席通伦以视频连线形式分别致辞下达发车指令，共同见证中老铁路通车。

中国中铁总裁、党委副书记陈文健，中国中铁股份公司国际部及部分参建单位负责人在昆明站分会场参加通车仪式，现场聆听了习近平主席和通伦主席重要讲话。

这是“一带一路”倡议提出后，首条以中方为主投资建设、全线采用中国技术标准、使用中国设备并与中国铁路网直接联通的国际铁路。中老铁路的开通运营，开辟了老挝铁路运输新纪元，深刻改变了老挝交通运输格局，实现了老挝从“陆锁国”到“陆联国”的夙愿。

北起中国昆明，南连老挝万象，中老铁路全长 1035 公里，由中国境内昆玉段、玉磨段和老挝境内磨万段组成，是泛亚铁路中线的重要组成部分，也是首个以中方为主投资建设运营，全线采用中国技术标准、使用中国设备与中国铁路网直接连通的国际铁路项目。

2017 年 11 月，习近平总书记访问老挝，两国代表在领导人见证下，签署中老经济走廊建设、基础设施建设等一系列合作文件。中老铁路成为中老友谊的标志性工程，中老两国务实合作的旗舰项目。

中国中铁等国资央企深入贯彻落实习近平总书记重要指示精神，致力于打造一张集实力、创新、精品于一体的中国名片，打造领跑世界的超级工程，为加快建成中老经济走廊，推动共建“一带一路”提供有力支撑。

作为中老铁路建设的主力军，中国中铁集结优势兵力，派遣精兵强将，借鉴先进的管理模式，采用先进的施工工艺，发挥在西南地区复杂地质环境修建山区铁路的经验优势，科学组织、统筹规划，高标准、高质量地推进工程建设。中国中铁所属中铁二院、一局、二局、三局、四局、五局、六局、八局、十局、隧道局、电气化局、建工、广州局、上海局、武汉电气化局、国际、设计咨询、科研院、工业等近 20 家单位负责全线勘察设计、全线电气化施工、全线铺轨以及关键性工程建设任务，突破艰难险阻、凝聚创新智慧、赓续中老友谊……

积极履行社会责任。中国中铁各参建单位持续推进企地建设，融洽与当地百姓、政府的关系，参与老挝公益事业，吸纳当地劳动力就业，提供技能和安全操作培训，开展了义务修路架桥、义务支教、义诊看病、捐资助学、抗洪抢险等活动，用实际行动浇灌中老友谊之花。据不完全统计，中国中铁参建单位在老挝当地采购物资累计 30 亿元人民币，捐款捐物 200 余万元人民币，安排当地就业 3 万人次，创办老挝员工培训学校并举办培训班 959 期，义务支教 328 人次，为沿线百姓迁改供电线路 65 公里，新建改扩建便道 743 公里，搭建便桥 34 座，平整宅基地 14 万平方米，修建水渠 272 公里、水井 15 口……赢得了老挝政府和沿线人民的高度赞扬。

第二节 "开路先锋"精神：中国中铁的红色基因

2019 年 1 月 16 日，习近平总书记在视察雄安新区时，勉励中国中铁京雄城际建设者要勇做"千年大计"的开路先锋。在党史学习教育中，中国中铁党委认真落实总书记重要指示，把学党史与学企业史相结合，深入总结 70 多年来逢山开路、遇水架桥，勇当国家基础设施建设"开路先锋"的企业历史，提炼发布"开路先锋"企业精神和企业文化理念体系，制定《"开路先锋"企业文化建设实施纲要》，建设"开路先锋"文化展览馆和企业精神教育基地，在 109 国道等重点项目举办"永远的开路先锋"红色故事会，引导广大职工将总书记重要指示内化于心、外化于行。

作为一家有着 127 年历史渊源的建筑央企，中国中铁拥有百年红色基因，代代薪火相传。坚定听党话跟党走，早已成为融入中国中铁人血脉的不懈追求。早在 1922 年，党的一大代表王尽美同志就以学徒工身份进入中铁山桥，建立冀东地区第一个党组织，领导京奉铁路工人大罢工并取得胜利。此后，1950 年 6 月 15 日，在中华人民共和国成立后的第一条铁路——成渝铁路开工典礼仪式上，由老一辈中铁五局、二局建设者和解放军官兵共同组成的筑路军工一总队，接过贺龙司令员亲自授予的"开路先锋"大旗，浩浩荡荡开赴成渝铁路施工一线。

也就是从这一天起，中国中铁人在南征北战、穿山越洋的征程中，用听党话跟党走、筑路报国的实际行动为国家的发展做出积极贡献。中华人民共和国成立至今，中国中铁人用生命、鲜血、汗水，先后铸就了成渝精神、抗美援朝"钢铁大动脉"精神、宝成精神、成昆精神、大瑶山精神、兰新精神、京九精神、南昆精神、风火山精神、青藏铁路建设精神、南极建设精神、抗震救灾精神、高铁建设精神等一座座实干担当的精神丰碑，共同构筑了"开路先锋"精神。

进入新时代，中国中铁人继续勇当重大基础设施建设的国家队、重大发展战略的顶梁柱、民族伟大复兴的主力军、深化国企改革的先行者、中央企业高质量发展的排头兵、创新驱动发展的领头雁，在建设世界一流企业的伟大征程中继续做永远的“开路先锋”。

姓党为民 矢志报国

习近平总书记强调，我们党的一百年，是矢志践行初心使命的一百年，是筚路蓝缕奠基立业的一百年，是创造辉煌开辟未来的一百年。回首党的百年历史，在每个重要时期都有中国中铁人的身影。中国中铁百年发展史就是一部始终听党话跟党走、姓党为民、矢志报国的红色光荣史。在党的坚强领导下，中国中铁走过了极不容易、极不寻常、极不平凡的百年征程，为民族工业发展、国家基础设施建设和全面建成小康社会做出了重要贡献。

2021 年 3 月 1 日，在国资委暨中央企业党史学习教育动员部署会上，国资委党委书记、主任郝鹏点赞中国中铁是中国共产党成立初期党领导工人运动的发祥地之一，体现了国资委党委对中铁高新工业股份有限公司（以下简称中铁工业）传承红色基因，加强党的领导的充分肯定。

百年源流，开启中国民族工业先河。在中国中铁“开路先锋”展览馆中，陈列着一块光绪年间京汉铁路郑州黄河大桥桥梁上的桥牌，上面刻有“山海关造桥厂”字样，显得格外醒目。

1894 年，在实业救国的思潮下山海关造桥厂诞生。这是今天中国中铁旗下中铁山桥集团的前身，也是中国第一家铁路钢桥制造厂。1909 年，山海关造桥厂为中国人第一条自行设计施工的铁路——京张铁路，制造了全线铁路钢桥，开创了中国民族工业之先河。从此，中国中铁成为推动国家铁路建设乃至民族工业发展的重要力量。

1922 年 8 月，党的一大代表王尽美受党的派遣，作为中国劳动组合书记部代表，来到中铁山桥的前身——山海关铁工厂，传播革命的种子，建立起了冀东地区第一个党组织，领导京奉铁路工人大罢工并取得全面胜利。不仅为全国工运提供了成功范例，在中国工运史上留下了厚重的一笔，更为中国中铁留下了红色基因。自此，中国中铁人就开启了坚决听党话跟党走、在党的光辉照耀下成长和发展的百年征程。

红色基因代代相传。新民主主义革命时期，老一辈中国中铁人积极参加红军、抗日战争、解放战争，矢志不渝地探寻民族解放之路。到 1948 年，经过红色工运洗礼的东北铁路工人，成长为推翻国民党在东北统治的主力军。

进入社会主义革命和建设时期，中国中铁人在党的领导下，逢山开路、遇水架桥，为新中国铁路网形成奠定了坚实基础。改革开放以来，中国中铁各级党组织顺应时代潮流，坚持党的领导和建立现代企业制度相统一，把党的理论方针政策贯彻落实为基层党组织建设的生动实践，坚持施工战线延伸到哪里，党的组织就建在哪里，活动就开展到哪里，作用就发挥到哪里，推动党建工作上桥头、进洞口、下班组、入人心。

党的十八大以来，中国中铁党委进一步加强党的领导和党的建设，充分发挥公司党委“把方向、管大局、促落实”的领导作用。着力加强党的政治建设，不断增强“四个意识”、坚定“四个自信”、做到“两个维护”；着力建强各级领导班子，坚持党管干部、深化干部人事制度改革、开展日常履职巡察，建设忠诚干净担当的高素质专业干部队伍；着力加强“三基建设”和党建工作考核，落实“两个责任”，切实把管党治党责任放在心上、扛在肩上、抓在手上；着力加强企业文化和思想政治工作，以先进精神引导全员增强文化自信，增强员工的荣誉感和归属感；着力加强党风廉政建设，正风肃纪、防范风险，为企业改革发展创造良好环境；着力打造一流职工队伍，建立先进典型选树和职工成长成才机制，凝聚改革发展的磅礴力量。

100 年来，无论外部环境如何变化，永远不变的是中国中铁人对党的坚定信仰和赤胆忠心。王尽美从嘉兴红船上带来的红色基因，早已成为中国中铁人融入血脉的不懈追求，代代传承、薪火相传。中国中铁始终是党和国家最可信赖的依靠力量。

而在中铁工业 127 年的企业史上，涌现出了一大批优秀的共产党员，他们如星河灿烂，照亮了从民族救亡运动到社会主义建设初期，从改革开放初期到中国特色社会主义新时代等各个历史时期企业的前进之路。党的一大代表王尽美、工运领袖杨宝昆、把全身交给党的老英雄赵连仲、为集体牺牲生命的烈士蒋绍明，以及新时代的先锋模范代表曲岩、王汝运、王杜娟，等等，一个个优秀共产党员将个人命运与国家前途、企业发展紧密结合，汇聚交融，谱写出了壮丽的诗篇。

从党的一大到十九大，从1921年到2017年，时隔九十六年，在王尽美之后，中铁工业有了第二位出席中国共产党全国代表大会的党代表，她就是中铁工业九桥公司女电焊工王中美。牢记前辈“捍卫大桥生命”的叮嘱，她在16余吨焊丝的历练中，成长为首席电焊工、电焊高级技师，跻身我国桥梁战线焊工界的“免检王”。先后获得全国三八红旗手、中国青年五四奖章、全国劳动模范等荣誉称号。作为一名普通工人，她业务精湛、技艺超群；作为一名党员，她在工作中敢于担当、不怕牺牲，把一身绝技毫无保留地教授给年轻人，她对得起胸前的党徽，是一名真正的大国工匠。

“每当想到我们建桥工人焊接的钢梁变成祖国的大桥，我就找到了人生的价值!”王中美说。

传承超越，创新发展。中铁工业跨越百年的历史，正是民族工业从发轫到发展、从起步到起飞、从崛起到振兴的缩影。从民族工业星星之火发展为一个现代化上市企业，中铁工业始终承载着工业强国的梦想，1.2万名中铁工业人不负嘱托，用实干写出时代的华美篇章。

自力更生 艰苦奋斗

中华人民共和国成立初期，百废待兴。中国中铁人以空前巨大的热情投入到国家经济建设大潮之中，开启了逢山开路、遇水架桥、南征北战、四海为家的豪迈征程，修复、新建了一大批国民经济发展急需的铁路、公路等基础设施，切实担当起民族复兴的“开路先锋”。

1950年6月15日，中华人民共和国自行修建的第一条铁路——成渝铁路开工。老一辈中国中铁人从贺龙司令员手中接过“开路先锋”大旗，克服艰难险阻、打通巴山蜀水。自此，筑路报国成为中国中铁人矢志不渝的崇高追求。其间，朝鲜战争爆发。中央军委、原铁道部从军地抽调 12129 名职工、军人，组建中国人民志愿军铁道工程总队，入朝担负战时铁路大动脉的维护、清障、抢修、救援和保通任务，铸就了“打不烂、炸不烂的钢铁运输线”，这支队伍便是中国中铁四局的前身之一。抗美援朝的胜利，为中华人民共和国赢得了一个相对稳定的和平环境，国内经济建设很快迎来首个高潮。

1970 年 7 月 1 日，历时 12 年艰苦卓绝建设，连接四川成都至云南昆明，横跨四川盆地、横断山脉、云贵高原的成昆铁路建成通车，被联合国誉为“象征 20 世纪人类征服自然的三大奇迹”之一。

全长 1125 公里的成昆铁路穿越西南地质大断裂带，全线地震烈度在 7 度以上的地段达 500 多公里，一路盘山展线、桥隧相连，设计难度之大和工程之艰巨，均属前所未有。沿线山势陡峭、深涧密布，地形和地质极为复杂，素有“地质博物馆”之称，曾被外国专家断定为“修路禁区”。但是，这一切都挡不住筑路大军的雄心壮志，五局“开路先锋”的前行脚步。

“成昆铁路是非常艰苦非常艰难的，当时五朵金花十员闯将，我们铁五局有几个，一个是张玉琴，一个是吴成清。”老成昆铁路参建者，原铁五局副局长李志英这样讲述：“吴成清是关不住的小老虎，为了工作，为了抢通车，确确实实的废寝忘食，都不睡觉。”

“这根本就睡不着，整个工地热火朝天。地方老百姓都说了，整个是铁路工人把我们这个地方的冬天都搞暖和了。”老成昆铁路参建者，原铁五局工会主席吴承清激动地回忆起当时的场景：“修路光荣，吃苦光荣，贡献光荣，牺牲光荣。哪怕是再累都有用不完的劲！”

冬日里争分抢秒的火热会战场面，激发着吴承清的斗志。一次，他连续三天三夜没离开工地，被队长关进办公室强制睡觉休息。但他又偷偷爬窗跑出去继续奋战，留下了“关不住的小老虎”的响亮名声。

“住的都是草棚，施工条件比较差，都是肩挑背磨，没有机具设备，都是人工干活，白天干，晚上干，连轴转，干活，拼命干。”老成昆铁路参建者，退休工人邓华元回忆说：“当时没什么机械全靠人工，那个时候是修路基，筐子是那个柳条筐，两个人抬铁锹装的土，有时候是用二锤打钢钎，打眼放炮。”

“为有牺牲多壮志，敢教日月换新天。”全线架设桥梁 991 座，开凿隧道 427 座，桥隧长度占线路总长四成多；18 项技术和工程创中国之最，13 项创世界之最……发扬“一不怕苦，二不怕死”的大无畏革命精神，让高山低头，叫河水让路的战天斗地的英雄气概，包括老一辈中铁五局人在内的 36 万筑路大军，历经 12 年的艰难施工，付出“每公里牺牲两人”的巨大代价，用血肉之躯和赤诚忠魂铸就起成昆铁路这条腾龙大西南，连接川滇的艰险钢铁大动脉，孕育和铸就了伟大的“敢于奉献、敢于牺牲、敢于攻坚”的“老成昆精神”。

此后，新中国第一座长江大桥——武汉长江大桥、中华人民共和国成立十周年十大建筑之一的北京火车站、中国最早建设开通的地铁线路——北京地铁一号线、中国第一条电气化铁路——宝成铁路等一大批历史性、开创性的工程，在中国中铁人的手中成为现实。

2014 年，成昆铁路复线扩能改造工程全面启动。全线施工难度最大、里程最长、风险最高的一段，还是在中铁五局参建的在峨眉至米易区间。一场半个世纪的奋斗，由此在这里接力传承。老成昆建设铸就的精神丰碑，成为新时代五局建设者砥砺前行的磅礴动力。

跨越半世纪，老一辈的创举和新一代的传承，在这里接续奋斗、交相辉映。在老成昆精神的指引下，从夏酷热冬严寒的简陋工棚到温馨如家的项目驻地；从钢钎大锤扁担斗车到现代化机械配套作业，无论施工环境怎么变迁，但是中铁五局人“鏖战攻坚、拼搏奉献”的信念没有变。

历经六年的奋战，中铁五局全体参建员工以坚如磐石的意志、坚忍不拔的毅力，众志成城、勇于担当、敢于拼搏，以无坚不摧的气概向小凉山大山深处勇猛挺进。战胜了隧道大涌水、大变形、高动温等不良地质条件以及洪灾、泥石流等恶劣自然环境，攻克了高墩大跨等技术难题。不仅用辛勤的汗水，铸就了平安成昆、顺利成昆，迎来了峨米段期盼已久的收官之战，更用实际行动谱写下“敢于挑战、敢于创新、敢于超越”的新成昆精神，证明了新一代成昆建设者无悔新时代、无悔新成昆。

1975 年 7 月 1 日，中国第一条干线电气化铁路、全长 676 公里的宝成铁路全线开通运营！这是中国主要依靠自己的力量建成的第一条干线电气化铁路，是中国铁路牵引动力开始向现代化迈进的一个重要标志。《人民日报》发表长篇通讯《钢铁蜀道添翼飞》，高度赞扬中国电气化人艰苦奋斗、无私奉献的崇高精神。

宝成铁路是在我国第一个五年计划期间建成的。这条铁路翻越山峦层叠的秦岭，穿过山势险峻的剑门山区，大部分区段处在崇山峻岭之中。由于这条铁路的很多地段坡度大、坡道长、隧道成群、弯道很多，用蒸汽机车牵引拉得少、跑得慢，运输能力仍然受到很大限制，不能充分满足社会主义建设的需要。为了提高宝成铁路的货物通过能力，国家决定对它进行电气化改造，用电力机车代替蒸汽机车牵引。

1958年6月15日，在宝成铁路北端开始了电气化改造工程。当时，施工图纸只到了四分之一，施工材料只到了六分之一，站场扩建和部分铁路改线工程尚未完工，施工面临着一系列的困难。中铁电气化建设者们发扬敢想敢干的革命精神，决心建起自己的电气化铁路，打好这一场为社会主义祖国争光的志气仗。他们制定了一个个克服困难的措施。设计文件没到齐，他们就派工程技术人员到设计部门协助搞；施工材料供应不上，就组织工人到有关工厂去帮助生产；专用器材一时订不到货，就发动职工群众自己制造。筹建的加工班，逐步发展为宝鸡电气化器材厂。

为了争取时间，他们不等、不靠，没有条件创造条件也要干。广元至马角坝之间，还有一段铁路改线没有搞好，影响电气化主体工程施工。为了争取时间，他们与铁路修建部门协商，把影响电气化施工的铁路标高、中心线、道岔位置定下来，不等铁路修好，就开始竖铁塔、架导线，保证了工程进度。青白江变电所施工时，电气化工程处五队二分队一班的工人们战酷暑、斗高温，每天工作时挥汗如雨。他们经过十七天夜以继日地奋战，胜利完成了混凝土基础的浇注任务。变电所的两台变压器，当时还放在二百五十米以外的车站站台上。没有铁路专用线，也没有吊车，在兄弟班组的支援下，他们仅用一台土绞磨、两只千斤顶、十几根钢管、二十根枕木，就把变压器按时运到工地，安装就位，提前完成了施工计划。

在“一穷二白”、技术封锁的困境中，中铁电气化人自力更生、艰苦奋斗，先后实现了四百多项技术革新，生产出了四千多种“争气”牌设备、器材。每修建一百公里电气化铁路，比电气化铁路建设初期投资节省一半以上。那时每人每月仅有40多斤粮票、几十块钱的收入却没人计较，靠的就是吃苦奉献精神！

无论是在艰难的创业时期，还是在全面走向市场的历史阶段，都始终保持着艰苦奋斗的优良传统、开拓进取的顽强斗志、无私奉献的拼搏精神、和衷共济的团队意识，这是中国中铁最为宝贵的精神财富。

前进之路无坦途。中国中铁逢山开道、遇水架桥，历经千辛万苦，战胜千难万险，打通交通大动脉，促进经济大发展。在此过程中，中国中铁强根铸魂，坚定理想信念，牢记使命担当，坚持“建一项工程、树一座丰碑、出一批人才、育一种精神”，凝聚28万员工，锻造一流队伍。

改革创新　追求卓越

2018年12月18日上午，庆祝改革开放40周年大会在人民大会堂举行。中共中央总书记、国家主席、中央军委主席习近平出席大会并发表重要讲话。强调指出改革开放是我们党的一次伟大觉醒，正是这个伟大觉醒孕育了我们党从理论到实践的伟大创造。改革开放是中国人民和中华民族发展史上一次伟大革命，正是这个伟大革命推动了中国特色社会主义事业的伟大飞跃！

改革开放40年间，中国中铁人以逢山开路、遇水架桥的开拓精神，在市场经济的大潮中闯出了一条发展之路。

1981年夏天，一支铁路建设队伍出现在深圳特区蛇口工业区的一片荒地上，在一人深的荒草中搭建起临时工棚，用三块石头支起一口大锅做饭，拉开了浩浩荡荡闯市场的序幕。这支由原铁道部第二工程局(中铁二局前身)二处处长孙永福带领的被同行称为“野战部队”的精兵强将，用精湛的工艺、吃苦的精神、优质的工程立住了脚跟，在深圳建设了首个工程远东饼干厂，打响了中国中铁闯市场的第一枪。

这是中国中铁人迫于当时铁路建设市场的生存压力的绝地奋起，也是改革开放大潮中中铁二局“找米下锅”，探索市场的第一次成功尝试。

改革开放40年间，中国中铁持续拓宽经营领域，从传统的铁路、公路、桥隧建设领域进入了地下综合管廊、海绵城市和单轨建设等新兴市场；在特级资质、执业资格证书、企业业绩信誉等经营要素建设上均实现了长足进步。

在中国中铁的成绩单上，一连串数字引人注目：实现利润总额1000余倍的增长幅度、连续13年进入世界企业500强；先后参与建设的铁路占中国铁路总里程的三分之二以上；建成的电气化铁路占中国电气化铁路的90%……

从一个行政管理部门到现代化企业集团，从“找米下锅”到世界百强，从追赶时代步伐到走在时代的前列……改革开放40年间，中国中铁取得一大批自主知识产权的核心技术，打造了中国装备、中国隧道、中国桥梁等一系列国家品牌，探索出了以传承创新引领企业发展的改革之路。

在庆祝改革开放40周年大会上，中共中央、国务院决定，授予100名同志改革先锋称号，并颁授改革先锋奖章。其中，中华全国总工会兼职副主席巨晓林被评价为“知识型企业职工的优秀代表”。

作为中国中铁电气化局一公司的一名一线农民工，巨晓林先后参与了大秦线、京郑线、哈大线、迁曹线等十几条国家重点电气化铁路工程的施工，累计创新施工方法143项，记下了近300万字的笔记，编撰的《接触网施工经验和方法》成为铁路一线施工“宝典”；弘扬“工匠精神”，带领“技能大师工作室”的能工巧匠，开展技术攻关、技术革新等活动，累计取得技术创新成果346项，80多项成果获省部级以上表彰，30多项成果已在企业得到应用推广，产生直接或间接效益2000多万元。

2021年6月25日，经过6年多的建设，全长435公里，设计时速160公里的拉萨至林芝铁路建成通车。这是西藏首条电气化铁路。专为高原设计的复兴号高原内电双源动车组飞驰在这条铁路上，“复兴号”实现全国31个省区市的全覆盖。

西藏首条电气化铁路通车，中国中铁续写“天路”传奇。在拉林铁路，中铁五局等多家单位担负了线下工程的艰巨施工任务。而全线的电气化施工任务由中铁电气化局承担。

截至2020年底，中国电气化铁路总里程已达10.6万公里，其中高速铁路

3.8 万公里，我国电气化铁路里程和高铁里程稳居世界第一。世界上规模最大的电气化铁路网和最发达的高铁网在神州大地铺开，向世界展现了中国速度和中国力量。

中铁电气化局从成立的第一天就担负起了建设中华人民共和国电气化铁路的重要使命。在 63 年的峥嵘岁月中，为中国铁路电气化技术实现从国外引进到中国制造，再到中国创造；由追赶到并跑，再到领跑的历史跨越；创造彪炳史册的辉煌业绩，做出了巨大贡献。

2019 年底，世界上最先进的时速 350 公里的智能高速铁路——京张高铁开通运营。

星汉璀璨，百年之路在这里汇成时代壮歌，成为国人永远的骄傲。110 年前，詹天佑主持修建的京张铁路通车，打破了“中国人不能自建铁路”的断言；110 年后，中铁五局参建的京张高铁横空出世，开创了世界智能高铁先河。

从“人”字到“大”字，百年沧桑的背后，是“爱国、奉献、创新、克难”的天佑精神传承，它鼓舞着中铁五局建设者勇当新时代“开路先锋”，不仅用实力与创举铸就了“传承、奉献、创新、引领”的京张高铁精神，更续写了“百年京张”新传奇。

在世界文化遗产八达岭长城的核心景区，中铁五局承建的京张高铁新八达岭隧道和八达岭长城站，因为站隧合体设计建造，成功实现工程与自然的完美融合，再次惊艳世界。

这是古代中国最伟大工程与当代中国最宏大工程的世纪交会。新八达岭隧道全长 12.01 千米。一次并行水关长城，一处浅埋下穿老京张铁路青龙桥车站，两次下穿八达岭长城；八达岭长城站，是目前国内埋深最大(车站轨面埋深 102 米)、旅客出站提升高度最大(提升高度 62 米)的地下高铁站，以及最复杂的暗挖洞群车站(78 个洞室、88 个不同断面)和单拱跨度最大的暗挖铁路隧道。其中救援廊道、进出站通道分别首次采用环形设计和叠层设计方案。

建超级工程，树时代丰碑。致力打造“精品工程、智能京张”，围绕“党建引领、创新驱动、质量为本、绿色人文”的建设理念，传承弘扬老京张“天佑精神”、新时代“工匠精神”、厚重的“长城精神”，中铁五局全体参战将士发扬“敢为人先、敢于担当、敢打硬仗、敢闯险关”的团队精神，奋勇拼搏在项目，建功立业在京张。

“整个全过程应该说还是感觉到压力非常大，说白了就怕完不成这个任务。没法给咱们组织交代，没法给咱们国家交代，如果不能按期完成的话。”作为西南交通大学毕业、桥梁专业出身，并且有过多个铁路隧道施工经验的中铁五局京张三标项目经理蒋思这样讲述到。

大力创新应用工艺工法、新型材料、信息化技术，为项目建设提供科技支撑，实现了全方位多通道安全快速作业，确保了工程实体质量，最大限度保护了古长城。

2018 年 12 月 13 日，历经两年零 7 个月的精心施工、艰苦奋战，新八达岭隧道安全贯通。标志着京张高铁站前控制性工程实现全面突破。贯通后的新八达岭隧道从老京张铁路青龙桥站的下方横穿而过，在詹天佑“人”字形铁路上留下一横，改成了“大”字。

从“人”字到“大”字，新老两条京张铁路线在青龙桥站实现了跨越百年的“握手”。不仅见证着中国铁路由弱到强，从追赶到超越的蜕变。也让中铁五局建设者的速度与激情、实力与创举在这里实现精彩演绎。

2019 年 8 月 23 日，京张高铁八达岭长城站站房主体结构正式封顶；2019 年 12 月 30 日，京张高铁全线开通运营。

“巍巍长城，是每一个中国人的骄傲，承担这样一份重任也是每个建设者心中的梦。能够在这里一展拳脚，对我来说既是幸运也是挑战。”时任中铁五局建筑公司最年轻的副总经理张文琅，年仅 33 岁的他就担负起了八达岭长城站站房项目经理的艰巨重任。

来到京张项目后，长城站先后接待了 30 多个观摩团，进场 385 个日日夜夜，张文琅没睡一个安稳觉。他说：“京张高铁凝聚了无数人的心血，八达岭长城站不能有丝毫失误，我们小到一条砖缝都是不断摸索做出来的，坚决做到不留遗憾、不当罪人，建不朽工程。”

2020 年 12 月 26 日，中国第一座公铁两用跨海大桥，也是世界在建难度最大的跨海峡公铁两用大桥，全长 16.34 公里的平潭海峡公铁大桥全面通车，福平铁路同步开通运营，结束了平潭不通铁路的历史。

从不通陆路的轮渡时代，到建成第一座海峡大桥的高速时代，再到公铁兼通的高铁时代……平潭如今依托双桥的建设，架起了连接内陆的大动脉，更架起了岚岛百姓的希望之桥、发展之桥、富裕之桥，逐渐成为海峡西岸璀璨的海岛明珠。

平潭海峡大桥体量之大创下跨海大桥之最：大桥共用钢材 85.3 万吨，相当于两座港珠澳大桥的体量。与世界其他跨海峡桥梁相比，平潭海峡大桥建设条件更加恶劣复杂，施工难度更大，安全风险更高。

平潭海峡与百慕大、好望角并称是世界三大风暴海域、世界三大风口，这里风大、浪高、水深、流急，每年 6 级以上大风超过 300 天，7 级以上大风超过 200 天，掀起最大浪高近 10 米。猛烈的波流力是长江等内河桥梁的 10 倍以上，建造难度和风险极大，被称为“桥梁禁区”。但是中铁大桥局的建设者们就是在这被称为“建桥禁区”的风口浪尖上造就了中国基建史上又一个“中国新地标”。

“这是世界级的工程。它彰显的不仅是中国速度，更是中国技术。”为攻克大桥建设难关，中铁大桥局创新了移动造桥机整体吊装安装技术、抗风防台技术，形成了一套在海上经常大风环境中造桥机施工技术。大桥航道桥桩基础采用直径 4.9 米、4.4 米钻孔桩，是迄今为止世界上桩径最大的桥梁工程桩。主墩围堰在施工期间承受 2000 多吨的波浪力，是目前国内基础施工围堰承受波流力最大的施工结构。

为降低海上施工安全风险，中铁大桥局历时 3 年、耗资数亿打造了“大桥海鸥号”自航双臂架变幅式起重船，其起重能力达 3600 吨，主钩起升高度达 110 米——相当于 39 层楼高。这是国内起重量最大、起升高度最高的双臂架起重船，堪称海上桥梁施工的巨无霸和超级大力士。2018 年 1 月 22 日，它将吊重 3400 吨、相当于 2260 辆小汽车重量的钢桁梁稳稳架设到墩顶，刷新了世界桥梁整孔钢桁梁架设的最重纪录。

改革开放 40 年，中铁大桥局不断建立“中国桥梁”建设标准，广泛应用新技术、新材料、新工艺、新设备，拉开了我国现代梁桥、拱桥、斜拉桥和悬索桥的建设序幕，奠定了中国现代桥梁向“大跨、轻型、高强”发展的方向。

创新发展，铸就中国品牌硬核实力。从江河到海洋，从单一桥型到各种桥型，从零散拼装到整体吊装，桥梁的跨度越来越大，这些都离不开材料、技术、工艺、装备的创新。40 年来，中国拱桥、斜拉桥的跨度分别从 150 米、75 米跨越到 575 米和 1092 米，现代悬索桥从无到有，跨度已达到世界第二的 1700 米。据统计，世界建成和在建跨度 600 米以上的斜拉桥有 21 座，中国占 17 座；世界已建跨度 420 米以上拱桥有 12 座，中国占 9 座。

中国中铁之所以能够成为大体量高位运行的央企代表，与其持续追求卓越发展，在通往高质量发展过程中的路径选择密不可分。

根据市场变化不断创新商业模式。中国中铁是最早以 BOT 模式建设高速公路的建筑央企，2001 年开始以 BOT 模式投资建设十余条高速公路项目；2007 年以 BT 模式建设的深圳地铁 5 号线是深圳市首例采用 BT 模式建设的工程，也是当时全国最大的以 BT 模式建设的城市轨道交通项目。随着 PPP 模式在国内的加速发展，中国中铁相继承揽了铁路、公路、城轨、市政、地下管廊、环保水务等领域的大量 PPP 项目。目前，公司依托八大投资公司成立八大区域总部，构建各业务板块协同发展、优势互补、齐头并进的立体经营格局，推动企业整体发展。坚持承包经营、总承包经营、投融资经营以及科研、设计、建造、制造、物贸、运营等全产业链联动经营并举，有效增强了企业的市场适应力和竞争力。

坚持全面依法治企。中国中铁以管理实验室活动为抓手，加强制度建设和流程再造，推进内控风险合规一体化建设，建立完善各类规章制度，获得全国企业管理现代化创新奖 34 项，省部级企业管理创新奖 139 项。树立“微观成本管理重要，宏观成本管理更重要”的理念，一体推进宏观成本与微观成本管控，健全“企业组织全层级、项目管理全过程、内外因素全方位”为特点的全要素成本管理机制，《特大型施工企业基于四级责任矩阵的工程项目全要素成本管理》获得全国企业管理现代化创新成果一等奖。

高质量推进管理提升，着力发力“五个重塑”：一是重塑组织治理体系，推动科学管控能力向世界一流企业迈进；二是重塑经营管理体系，推动市场竞争能力向世界一流企业迈进；三是重塑运营管理体系，推动企业盈利能力向世界一流企业迈进；四是重塑科研管理体系，推动创新发展能力向世界一流企业迈进；五是重塑政治保障体系，推动文化引领能力向世界一流企业迈进。

未来几年，在我国加快构建以国内大循环为主体、国内国际双循环相互促进的新发展格局下，中国中铁将发展聚焦由规模速度型增长转向质量效益型增长，发展动力由投资、劳动等要素驱动转向机械化、数字化、智能化等创新驱动，发展结构由增量扩张为主转向调整存量、做优增量并举，业务重心由立足国内转向面向全球，成为引领全球基础设施建设技术发展、在全球产业中具有话语权和影响力、具有中国特色现代企业制度的世界一流领军企业。

敢于担当 拼搏奉献

2021 年 10 月 14 日晚，国家主席习近平以视频方式出席第二届联合国全球可持续交通大会开幕式，并发表题为《与世界相交 与时代相通 在可持续发展道路上阔步前行》的主旨讲话。习近平主席在讲话中指出，中华人民共和国成立以来，几代人逢山开路、遇水架桥，建成了交通大国，正在加快建设交通强国。

改革开放 40 年，我国交通建设领域发生翻天覆地的变化，取得举世瞩目的成就。作为国家基础设施建设领域的主力军，中国中铁在落实交通强国战略中，始终担任着开路先锋的角色，创造了一个又一个彪炳史册的辉煌业绩。而这一切的背后，是中国中铁人的敢于担当、拼搏奉献。

1996 年 5 月 14 日，当中铁五局建设者征服“天下第一险洞”、铺轨顺利铺过家竹箐隧道时，不少人禁不住流下了泪水。

家竹箐隧道，险在爆炸力巨大的高瓦斯，难在摧毁力强的高地应力和猝不及防的大涌水。其中瓦斯含量压力和涌出量都在亚洲铁做隧道建设史上居于首位。26 层煤层，煤层最厚达 16 米，要轻轻揭开 1155 米的煤层，需经过 78 次施工。每揭一次，都是一场生死较量。

有一次，时任五局总工程师白继承等在作业面检查揭煤情况，听到煤层小连续不断发出闷雷般的轰鸣，震得人手脚发颤，哗哗掉下的煤也打在安全帽上“啪啪”作响；检测瓦斯的钻孔里，一股瓦斯呼啸而出，胸前的瓦检器立刻闪起刺眼的红光，发出令人心悸的尖叫。

这是煤炮，是瓦斯将要突出的预兆！白总工程师立即下令让工人们撤出去，只留下他和几名检测人员。他知道，最危险的时刻，也正是检测瓦斯突出，取得重要数据的最好时机，此时获得的数据最宝贵、最有价值。

家竹箐不相信眼泪，也不相信流血！总工程师白继承，不仅对技术负责，对工期负责，更对每个职工的生命负责！在五公里长的隧道里，依靠1000多名干部职工，用了1000多个日日夜夜，采用90年代的科技知识和手段，在征服家竹箐高瓦斯、高地应力、大涌水的过程中取得了令人瞩目的重大成绩。

“就是在这种危急的时候见精神，这样艰巨的工程一定会涌现出可歌可泣的事迹、一批有作为的人才。要广泛宣传铁路建设者这种艰苦奋斗的精神风貌。要让这种精神一代代地传承下去，并发扬光大！”这是1996年10月31日，江泽民同志在考察南昆铁路时的重要讲话。

1996年除夕，正是板其2号桥浇筑0号块混凝土关键时期，几百吨混凝土必须一次灌注成型。这意味着，将在108根螺纹管和16吨重的钢筋绑扎成的钢铁“丛林”中，猫着腰连续工作两天两夜。铁五局三处的6名捣固工站了出来……48小时过去了。当他们一身泥泞一身汗水走下桥来，已是新年钟声敲响时刻。

自1990年12月24日开工建设伊始，作为贵州铁军的中铁五局全体参战将士，风餐露宿日夜鏖战，从家竹箐隧道（“天下第一险洞”）到石头寨锚拉式桩板连续墙（“亚洲第一墙”），从板其二号弯梁桥（“亚洲第一弯梁桥”）到大展铺架王牌军雄风，一路斩关夺隘，一路高歌猛进，让钢铁动脉腾龙大西南，铸就起了“为造福人民，勇于攻难克险，甘愿吃苦奉献”的不朽南昆精神丰碑。

1999年12月7日，南昆铁路纪念碑落成暨铁路爱国主义教育基地挂牌仪式在广西百色市举行。纪念碑上是时任中共中央总书记江泽民的遒劲大字：建设南昆铁路，造福西南人民。

“伟大的创业，孕育伟大的精神。南昆铁路广大建设者在地势艰险、地质复杂、工程艰巨的情况下，发扬‘为造福人民，勇于攻难克险，甘愿吃苦奉献’的精神，展开了气势恢宏的大会战，他们风餐露宿，劈山开路，勇战瓦斯，智斗岩溶，攻克层层难关，攀登重重高峰，涌现出无数可歌可泣的动人事迹，谱写了一曲曲辉煌的英雄乐章。”这是铁道部《关于表彰南昆铁路建设先进集体和先进个人的决定》中，对包括中铁五局建设者南昆人和南昆精神的高度评价。

而这种精神，一直在中铁五局参建新时代大西南重难点工程中不断传承发扬。

接力奋斗，忠诚担当铸就新成昆精神底色。2022 年 6 月 21 日 8 时 08 分，随着最后一声爆破，最后一米岩体轰然倒塌，全长 21.775 公里的新成昆铁路小相岭隧道宣告胜利贯通。标志着新成昆铁路所有隧道全部贯通，也预示着新成昆铁路这条崭新的致富快线呼之欲出。

“整整 2200 多天啊，我们不负习近平总书记厚望嘱托，终于打通了小相岭隧道！”中铁隧道局项目经理罗先刚长舒了一口气。

这是一场半个世纪的接力奋斗。1964 年，为响应毛泽东主席“成昆铁路要快修”的号召，36 万军民赶赴老成昆线，老一辈中铁隧道人进驻大凉山，承建了全线最难、也是最长的隧道——沙木拉达隧道。

全长 6383 米的沙木拉达隧道，是我国铁路建筑史上时间最早、跨度最长、海拔最高的铁路隧道之一，有“空中铁道”和“成昆咽喉”之称。

“风吹石头跑，氧气吃不饱，六月飘雪花，七月穿棉袄”是当时沙木拉达隧道恶劣施工环境的真实写照，也正因为环境如此恶劣，修建过程中，先后有 352 名烈士长眠于此。

也许是缘分使然，也许是使命传承，2016 年，中铁隧道局承建的新成昆铁路小相岭隧道正式动工。山还是那座山，水还是那些水。但是小相岭隧道所处的地质情况依旧跟老成昆铁路沙木拉达隧道相似。

不同的是小相岭隧道的长度是沙木拉达隧道的近 4 倍，从设计到施工都有更高的要求。虽然早已不是钢钎大锤时代，但如同“地质博物馆”一样的艰难条件和 21.775 公里的超级长度给隧道施工建设带来了极大挑战。

2017 年 10 月，党的十九大胜利召开。此时正值小相岭隧道施工最为艰难的时刻。全体建设者从习近平总书记重要讲话中，汲取了坚守奋斗的力量。20 余名青年党员自发联名给习近平总书记写信，汇报学习党的十九大精神情况，并表达了立志传承老成昆铁路精神，建设好新成昆铁路、助力大凉山脱贫致富的愿望。

2018 年 2 月 12 日，习近平总书记在成都主持召开脱贫攻坚座谈会，他在会上提到了这封信，并说道：“他们的来信让我感受到青年一代对祖国和人民的担当和忠诚，读了很欣慰。”

饱含深情的祝福，承载厚望的嘱托，激励着上千名中铁隧道局建设者坚守在大凉山，奋战在小相岭，攻克了一个又一个难关，一米一米往前掘进。

2021 年，面对严峻的进度压力，项目部成立了以各部门青年为主导、针对各项施工难题攻关的青年突击队、党员先锋岗，开展了“党建引领做表率，生产自救保施工”“共学党史践初心，勠力攻坚解难题”“奋楫笃行勇担当，攻坚克难保贯通”等主题活动，先后攻克了正洞作业面岩爆、湿喷机回弹量大、凿岩台车功效低、防火度汛、长大隧道通风难等难题，极大地提升了施工工效，取得了隧道出口平导月进度达 270 米的可喜成绩，用实际行动让“忠诚担当”底色在大凉山深处闪闪发光。

就在小相岭隧道，共有 30 多名老成昆铁路建设者的后代在接力传承。6 年期间，最高峰时参建人员达到 1800 余人，夫妻双方以及父母孩子跟随到工地生活的家庭就有 100 多家，20 余名“成昆宝宝”在工地出生。

一代人有一代人的使命与担当。无论是“为有牺牲多壮志，敢教日月换新天”不怕苦不怕累甚至不怕流血牺牲的老成昆精神，还是视忠诚与担当为使命的新成昆品质；无论是老一辈隧道人家属至死不渝的守护，还是新一辈隧道人家属无怨无悔的追随，都是为了祖国四通八达的交通事业，为了早日实现“让大凉山人民脱贫致富”的世纪梦想……

赓续红色血脉，勇做开路先锋。2021 年 6 月 29 日，在即将迎来中国共产党百年华诞之际，中国中铁“永远的开路先锋——红色故事会”宣讲活动，在北京市门头沟区中国中铁国道 109 高速公路项目现场举行。通过讲述分享了 10 个不同历史时期的红色故事，激励观众传承弘扬革命先烈和企业先辈不畏艰难困苦、顽强拼搏奋斗的红色精神，凝聚争当新时代开路先锋的蓬勃动力。

在活动现场，《两辈京张人　一个中国梦》回顾了老京张铁路到新京张高铁的中国铁路建设百年红色之旅；《“拆弹大王”郭金升》在抗美援朝战场上，铸造了一条“打不烂，炸不断”钢铁运输线；《一条兰新线　三代筑路人》，用 62 年共同筑就兴疆富民之路；《风火山上60年的守望》展现了青藏铁路建设者坚守海拔4780米的生命禁区，用生命和青春攻克高原冻土筑路技术难关的动人画面；“史上最难掘进隧道”大柱山隧道十二载攻坚克难，以“骨头硬过石头，志气高过山峰，为人民筑路，用血性坚守”的新愚公精神，描绘了《5分钟，12年，4700天》的华彩篇章。此外，还有讲述新成昆铁路建设者的《做一簇隧月追光的薪火》；以坦赞铁路铸造中非“铁磁”般坚固友谊的《我们圆了非洲兄弟的铁路梦》，以及《永远的开路先锋》，再现一代代中国中铁人逢山开路、遇水架桥，为民族复兴筑路的奋斗历程；情景剧《半条被子一生情》、歌曲《开路先锋》等节目，充分展现了新时代建设者奋发有为、不断向上，将梦想与信念永远扛在肩上的精神风貌。环境在变，潮流在变，一百年来，中国中铁对党的坚定信仰和赤胆忠心矢志不变。

感悟精神伟力、凝聚奋进合力。从党的百年光辉历程中感悟初心使命，在中国中铁的百年红色传承中践行责任担当。立足新起点、踏上新征程，新时代的中国中铁建设者牢记初心使命，肩负好党和国家赋予的重大使命，在全面建设社会主义现代化国家新征程上做永远的“开路先锋”。

第三节　高擎“开路先锋”大旗的中国中铁骨干成员企业

2021 年，中国中铁五局成立发展七十载。回望走过的岁月，作为中国中铁旗下最早高擎“开路先锋”的成员企业之一，中铁五局始终听党话跟党走、守初心担使命，为党分忧、为国担当、为民奉献。在国家基础设施特别是大国工程的建设中，一代代五局人以心怀“国之大者”的央企担当，将个人的价值实现、企业的改革发展与国家民族的命运紧密联结在一起，赓续红色基因，勇当开路先锋，用汗水和荣光谱写了与伟大祖国同心同向同发展的壮丽诗篇，铸就起了一座座不朽的铁骨丰碑，为中国中铁“开路先锋”精神谱系的形成和光大，注入了最生动的根和魂。

艰苦创业　孕育“开路先锋”精神

1950 年 6 月 12 日，中铁五局的前身西南铁路工程局成立，并接过贺龙元帅授予的“开路先锋”旗帜开赴成渝铁路修筑一线。作为中华人民共和国最早成立的特大型铁路施工企业之一，从组建那天起，就肩负起中国铁路和国家基础设施建设的历史责任和庄严使命。

“蜀道难，难于上青天。”千百年间，由于特殊的地理位置和地形地势，出川入蜀除了全靠崎岖难行的山径栈道旱路翻越秦岭外，就只剩下一条长江水路。

近代以来，随着工业革命蒸汽机车带给人类交通出行的巨大变革冲击，在成渝两地之间修建一条铁路，打通巴山蜀水，冲出四川盆地，成为川中父老的渴求。

1903 年，四川总督锡良上书清政府奏请自办川汉铁路，在成都成立了中国最早的省级铁路公司“川汉铁路公司”，按规划，成渝铁路为其西段。一时间，四川民间踊跃认股集资筑路银两。1909 年 10 月，川汉铁路开工建设，率先修建的就是其西段的成渝铁路。

然而在1911年5月，清政府突然宣布“铁路国有”，向英、法、德、美四国银行借款筑路，出卖路权，激起四川民众的强烈民愤，由此掀起了全川保路风潮，并成为辛亥革命的导火索。

辛亥革命后，山河破碎，风雨飘摇，漫漫长夜，何谈铁路修建，更何谈铁路国有？历经清王朝、北洋政府、国民政府，因国力贫弱，军阀混战，官员腐败等原因影响建设的成渝铁路，直到中华人民共和国成立前，仅完成工程量的14%，铁轨则是寸节未铺，依旧是地图上的一条虚线。四川百姓渴盼近半个世纪修筑铁路的出山梦依旧遥远。

“四川解放了，要先修成渝铁路”。中国共产党没有让四川人民继续等待。时任中共中央西南局书记邓小平在重庆主持召开西南局常委办公会，决定“兴建成渝铁路，造船修建码头”，以实现四川人民40年的愿望，并带动和恢复四川的国民经济。

中华人民共和国成立之初，国家百废待兴。但是这一报告很快得到中央批准。成渝铁路建设因此成为国家战略。

1950年6月12日，为修建成渝铁路，西南铁路工程局即中国中铁五局的前身组建成立。同年6月15日，成渝铁路开工典礼大会在重庆隆重举行，中共中央西南局第一书记、西南军政委员会副主席、西南军区政委邓小平讲话。西南军区司令员贺龙亲自将一面绣有“开路先锋”的锦旗授予由老一辈五局人和部队战士组成的军工一总队。3万余名军工雄赳赳气昂昂分别赶赴各自指定的筑路工地，掀开了中华人民共和国成立后的第一大工程——成渝铁路的修建。

然而，当时的成渝铁路修建，面临的是西方国家的封锁禁运、落后的铁路修建技术、沿线复杂艰险的地质条件和防不胜防的土匪袭击。老一辈五局人和广大筑路大军满怀人民当家做主的豪迈志气，依靠铁锤、钢钎、扁担、鸡公车、竹筐等简陋工具，夜以继日挖土方、建涵洞、开隧道、架桥梁，逢山开路、遇水架桥，将铁路路基一米一米地向前推进。

1952年7月1日，历时两年艰苦卓绝、自主建设，被称为中华人民共和国建设史上第一个奇迹的成渝铁路隆重举行通车典礼，毛泽东主席为此亲笔题写“庆贺成渝铁路通车，继续努力修筑天成路(后来的宝成铁路)”。

当天，成都、重庆两市分别举行成渝铁路通车庆祝大会。贺龙司令员在成都站为成渝铁路贯通剪彩。邓小平政委为《新华日报》题词：“庆祝成渝铁路通车”。两列披红挂彩的列车分别由成都站、重庆站开出，并在内江火车站交会。

从清末到民国，西南人民盼这条成渝铁路，盼了近半个世纪，也没见着一寸铁轨。中华人民共和国成立后，共产党人只用两年时间就完成了建设实现了通车。不仅实现了四川人民自晚清以来半个世纪的铁路夙愿，更改变了四川交通闭塞的历史，同时也拉开了中华人民共和国大规模进行经济建设的序幕。

时任民盟主席张澜在通车贺电中说：“渴望数十年的成渝铁路，能在中国共产党三十一周年纪念日胜利通车，这充分证明了西南人民在毛主席领导下，才可能发挥伟大力量，获得今天的胜利成功。”

“我从事几十年铁路建设工作，从成渝铁路的修建可以看出，我们的铁路建设，只要在中国共产党的领导下，没有什么困难是不能克服的。”当时任西南铁路工程局副局长、总工程师萨福均在《人民铁路的成长》中写道：“人民政府一声号召，从最高级的政府到最下级的政府一齐动员，几十万民工马上集合到路线上来。过去国民党抓都抓不来，现在他们是争着来，干了还不肯回去。”

因为修筑“新中国第一条铁路”——成渝铁路，老一辈五局人铸就起了“逢山开路、遇水架桥”这一光照后世的中国中铁“开路先锋”精神文化丰碑。而作为中华人民共和国最早成立的特大型铁路施工企业之一，从组建那天起，中铁五局就肩负起了筑路报国的历史责任和庄严使命。“开路先锋”精神文化的孕育与此紧密相连，也伴随着五局人筑路报国征程的薪火相传。

此后，在20世纪六七十年代祖国大西南“三线”建设中，老一辈五局人克服万般困难，突破“地质禁区”，建成了被称为人类征服自然的三大奇迹之一的成昆铁路；建成了中国第一条电气化铁路——宝成铁路，结束“蜀道难，难于上青天”的历史，同时建川黔、筑贵昆、修湘黔、连枝柳，构筑起西南铁路网。还参建了大西北交通咽喉——宝天铁路，为新中国铁路网形成奠定了坚实基础。

这个时期也选树了“五朵金花”“十面红旗”“十员闯将”、57名标兵等一大批国家、省部级先进个人和集体，作为全局学习的榜样。其中有“铁老虎工程队”八〇八队，“工地好医院”十二处医院；好医生张玉芹、以身作则的“铁班长”冀汉朝、“十年修路十年红”的好队长乔科、“关不住的小老虎”吴承清；节煤改灶能手王运岐；还有运输战线上的巾帼英雄、女汽车司机张莲花等。

吴承清便是这一段时期的典型先进代表之一。1964 年，为了早日抢通川黔铁路，转战成昆线。老一辈五局人没日没夜拼抢工期。年轻的吴承清便是那个时候从四川农村来到川黔铁路工地的。冬日里争分抢秒的火热会战场面，激发着他的斗志。一次，他在连续干了三天之后，被队长关进办公室强制睡觉休息。但他又偷偷爬窗跑出去继续奋战，也留下了“关不住的小老虎”的响亮名声。

此后，吴承清和工友们转战成昆线，在极度恶劣的条件下，并肩战斗，舍生忘死，以血肉之躯铸就成昆铁路，打造了“敢于吃苦、敢于奉献、敢于牺牲”的老成昆铁路精神。他个人不仅成为飞身探险的“十员闯将”之一，还于 1975 年和 1978 年，光荣当选为第四、五届全国人大代表、常委、主席团成员。他说，在那个年代吃苦光荣、贡献光荣、牺牲光荣。当时大家有个感觉就是累了，但是值得以苦为乐，以苦为荣，所以哪怕是再累都有用不完的劲。今天要传承红色基因，特别是年轻党员必须要不忘初心，牢记使命。

艰苦创业时期，老一辈五局人孕育出的以“逢山开路、遇水架桥”为内涵的“开路先锋”精神文化，集中体现了“一不怕苦、二不怕死”的革命精神；“献了青春献终身、献了终身献儿孙”的奉献精神；“招之即来、来之能战、战之能胜”的铁军风范；“天高我敢攀，地厚我敢钻，险山恶水听调遣，英雄面前无难关”的壮志豪情；“四海为家，以苦为乐”的革命乐观主义和浪漫主义情怀，奠定了企业红色基因文化的坚实基础。

挺立潮头 丰富“开路先锋”精神

1978 年 12 月，在党的历史上具有深远意义的伟大转折、开启改革开放和社会主义现代化伟大征程的党的十一届三中全会召开。当月，铁道部决定将第二工程局分建为第二、第五两个工程局。铁道部第五工程局由此正式成立。

当改革开放的春雷响彻南粤大地，衡广复线建设拉开序幕。20 世纪 80 年代，五局主力队伍集中会战衡广，担负全线 90% 以上的施工任务。前后鏖战 9 年，按期确保开通运营，承建的号称“地质博物馆”的南岭隧道，首获建筑行业“鲁班奖”。

20世纪90年代，随着改革开放深入推进，国家进入大规模基础设施建设时期。五局人勇挑重担，先后参建了京九、朔黄、西康、内昆等数十条铁路干线、复线。广大职工团结拼搏、苦干巧干，谱写下浓墨重彩篇章。京九，打响“铺架王牌军”声誉；南昆，安全顺利建成号称“天下第一险洞”的家竹箐隧道，为中国铁路高瓦斯隧道施工树立了达到国际领先水平标准和规范；内昆，修筑起我国灯泡型长大展线隧道闸上隧道……

在这期间，五局人解放思想、转变观念，进行二次创业，以推进发展为根本，以勇闯市场为途径，积极应对从计划经济到市场经济的变化。面对改革开放之初的各种不适应，局党委广泛组织深入开展解放思想、转变观念大讨论，确立“三个有利于”标准，有力激发了广大干部职工的艰苦奋斗、顽强拼搏和开拓创新精神。

在市场改革大潮中破浪启航，企业从站稳路内市场，到逐步拓展路外市场，先后参与建设了铁路公路、城市轨道、机场码头、水电站、市政等不同领域的一大批重点工程，在为国家基础设施建设做出了重大贡献的同时，也实现由计划型向市场型，由粗放型向集约型的大幅转变。

1998年，成功跨入全国建筑企业百强前列，受到国务院表彰，成为全国14家先进单位和企业之一。1999年底，顺利改制为中国中铁五局(集团)有限公司，成为当年铁道部唯一改制成功的下属企业。

在世界第三极修建青藏铁路，是中国几代人的梦想。进入21世纪，中铁五局勇于挑战极限，勇担建设重任，先后承建5标和27标两个标段的施工任务。自2001年6月以来，参建职工发扬“挑战极限、永争一流”的青藏铁路建设精神，在昆仑山上演绎了一幕幕感天动地的新“神话”，攻克了“高寒缺氧、高原冻土、生态脆弱”这三大青藏铁路建设世界性难题。5标段，提前45天胜利贯通世界高原多年冻土区第一长隧、全长1680米的昆仑山隧道；27标段，种植移植草皮环保施工经验，被树为全线环保示范线。

此后，中铁五局参建宜万铁路，攻克万米长隧堡镇隧道；会战兰新铁路二线，攻坚拿下亚洲最长山岭铁路长隧——乌鞘岭隧道；历经艰辛鏖战，安全贯通排名全国第二位的Ⅰ级高风险隧道、全长超万米的玉蒙铁路秀山隧道；逐鹿中原参建蒙华重载铁路；贯通全线第三长隧——西安岭隧道和最难环保工程——黄柏岭隧道；按期竣工我国首座重载铁路最大单跨度上承式钢管混凝土拱桥——洛河大桥。

在成兰铁路，90%地段为软岩大变形的杨家坪隧道，全国首例存在硫化氢、瓦斯“双气”的极高风险隧道——跃龙门隧道，在大瑞铁路保山隧道、玉磨铁路安定隧道……持续书写着赓续红色基因血脉、无惧艰险鏖战拼搏的长大高风险隧道工程掘进战歌。

再上雪域高原。拉日铁路，贯通全线重点控制工程色麦村隧道和雅鲁藏布江一号特大桥；拉林铁路，贯通先期段“两隧一桥”重难点工程之一的桑珠岭隧道。

进入高铁时代，中铁五局参与被誉为中国铁路里程碑式工程的我国首条铁路客运专线之秦沈客专的建设，为后来参建高铁累积宝贵施工技术经验。在国家“八纵八横”高铁网构建中，从进军领域之初探索学习全新的施工工艺和高标准技术要求，到逐步攻克掌握，再到步步领先、引领示范全线。五局人坚定报效祖国的忠诚信念、复兴强国的世纪梦想和争创一流的豪情壮志，面对的各种考验和挑战，积极践行“勇于跨越、追求卓越”的企业精神，勇当建设主力军，打响了王牌军的响亮声誉，铸就起了“勇担重责、勇于奉献、勇争一流、勇攀高峰”高铁建设精神丰碑。

千难万险任从容，喝令天堑变通途。改革开放以来，中铁五局将士勇担当、克艰险，贯通长隧、建起高桥，铸就条条国民经济钢铁大动脉。在一项项国家重点工程的建设中，先后铸就了“顽强拼搏、尊重科学、团结协作、开拓创新”的衡广精神、“团结拼搏、大干快上、奉献一流”的大京九精神、“甘愿吃苦奉献，勇于攻坚克险”的南昆精神、“坚韧不拔、吃苦忍耐、拼搏进取、勇于奉献”的青藏铁路昆仑山精神等一系列精神高地。

在企业改革开放、搏击市场的浪潮中，中铁五局将传统的艰苦奋斗、善打硬仗、乐于奉献的精神与改革开放、市场竞争的新需要相结合，形成了“图奋发向上、建社会信誉、创一流工作、争同行先进”的企业精神，“开明、守信、竞争、开拓、奉献”的五局精神。围绕企业发展，提出了“立人本、促和谐、树新风”的发展方针，“竞争、创新、合作、共益”的经营理念，“全面建成中国中铁领军企业”的发展目标，“财富五局、幸福员工、回报社会”的发展使命等一系列企业文化。

这些形成于企业改革发展进程、产生于征服自然的伟大实践、充分体现鲜明时代特征、切实凝聚人心激励斗志的宝贵精神财富，不仅进一步丰富了21世纪初“艰苦奋斗、攻坚克险、争创一流、尊重科学”的“开路先锋”精神内涵和企业的红色基因文化，更为企业改革发展巩固了生存之基、构筑了经营之道、塑造了诚信之形、铸就了兴旺之魂。

进入新时代　淬炼“开路先锋”精神

2019年12月30日，这一天是中国铁路建设史上、中国中铁五局发展史上，又一个值得铭记的重大纪念日。这一天，2022年北京冬奥会的重要配套工程——京张高铁开通运营，中共中央总书记、国家主席、中央军委主席习近平做出重要指示。他指出，1909年，京张铁路建成；2019年，京张高铁通车。从自主设计修建零的突破到世界最先进水平，从时速35公里到350公里，京张线见证了中国铁路的发展，也见证了中国综合国力的飞跃。回望百年历史，更觉京张高铁意义重大。

百年前的中国，积贫积弱。但是在八达岭长城下，詹天佑独立主持建成了中国人自己设计和施工的人字形京张铁路，成为中国铁路建设史上的伟大创举；百年后的今天，在这个伟大创举的地下深处，中铁五局担负新八达岭隧道和八达岭长城站这两项最难、最险、最艰巨施工任务，续写了京张铁路新传奇。因为位于世界文化遗产长城核心景区内，又是国内埋深最大、暗挖断面最大、洞室群最密集的站隧一体化工程，被业界称为古代中国最伟大工程与当代中国最宏大工程的交会。

“打造精品工程，建设智能京张。”在历时近四年的建设过程中，中铁五局全体参建员工不辱使命、不负众望，成功两次下穿八达岭长城世界文化遗产核心区、浅埋下穿国宝级文物老京张铁路青龙桥车站，胜利贯通八达岭隧道，攻克4个“全国之最”的地下工程施工难度，建成超大断面的八达岭长城站和站房工程，质量、安全、工期达到设计要求，在地下百米深处创造了中国高铁建设的新高度。

因为这两项工程具有地理位置、承担功能、工程难度、承载文化等多重特殊意义，为确保加强党的领导、强根固魂这一我国国有企业的独特优势在施工一线项目的落地生根，彰显全体参建员工建设世界一流企业的雄心壮志和使命担当，项目党工委围绕“党建引领、创新驱动、质量为本、绿色人文”的建设理念，传承弘扬老京张“天佑精神”、新时代“工匠精神”、厚重的“长城精神”，激励全体参建人员奋勇拼搏、攻坚克难，不仅为建设精品智能、绿色人文示范工程，按期安全优质交付运营奠定了坚实的基础，更铸就了“传承、奉献、创新、引领”的中铁五局京张项目精神。

强化政治引领，坚持党建工作和项目建设深度融合，形成了“1+X+N”党建工作模式，打造了富有特质的项目文化和团队精神，锻造了新时代的新京张魂。项目党组织被列为中央企业第一批基层示范党支部，项目先后荣获“全国青年文明号”“全国青年安全生产示范岗”“全国建筑业创新技术应用示范工程”“火车头奖杯”、中国中铁“工程项目文化建设示范点”等殊荣。涌现出了全国“优秀项目经理”蒋思，“全国青年岗位能手”“中央企业技术能手”倪派，练就电焊“硬功夫”的蓝领工人屠元奎等一大批先进个人。

2019 年 3 月 26 日，中铁五局在京张高铁承办了国际性隧道技术交流会。八达岭长城站为 15 个国家提供了隧道及地下空间修建的先进经验和成功案例。就在当天，蒙华铁路站前工程示范段现场观摩会在中铁五局 15 标举行。同年 5 月 10 日，国铁集团在中铁五局玉磨铁路安定隧道进口举行软弱围岩隧道快速施工管理现场观摩会……在各种观摩学习会上，中铁五局向世界充分展示了隧道建设实力和铁路建设的标准化。

党的十八大以来，习近平总书记站在党和国家事业发展全局的战略高度，针对国企改革发展和党建工作发表了一系列重要讲话、做出一系列重要指示批示，为中铁五局实现高质量发展提供了根本遵循。中铁五局党委认真贯彻落实习总书记关于京张高铁、中老铁路、川藏铁路、雄安新区等重点项目建设的系列重要指示批示精神，不断加强党的领导和党的建设，主动服务落实中央重大决策部署和国家重大战略，紧紧抓住国家加快基础设施建设的难得机遇，顺势而为，加快发展，勇当新时代的奋进者、开拓者、奉献者。坚持新发展理念，聚力经营开发和项目管理两大中心任务，大力解放思想，全面深化企业改革，推动了企业各项工作高质量发展、企业综合实力不断增强，企业新签合同额、营业额、归属母公司净利润等主要经济指标实现了大幅增长。承建的京张高铁八达岭长城地下车站、川藏铁路桑珠岭隧道、洱海环湖截污、银西渭河特大桥等工程具有行业代表性，荣获鲁班奖、詹天佑奖、国家优质工程奖、全国用户满意工程等国家级和行业最高奖 80 余项，充分展示了五局综合施工管理能力。五局还先后荣获中国建筑行业百强企业、全国优秀施工企业、全国劳动关系和谐企业等一批国家级殊荣。

党的十八大以来，中铁五局的党的领导不断强化，形成了企业党建与中心工作"精准内嵌"的良性态势。把"勇担当、强作为、当先锋"党建主题活动作为抓实企业党建工作的重要平台和载体，使党的领导深刻融入、内嵌到企业改革发展的各项工作中，各级党组织和广大党员干部聚焦重点工作、紧盯难点任务，抓融合、促发展，让党的旗帜在啃硬骨头、扛硬任务、打攻坚仗中飘扬。紧盯局党委和局的重要决策部署，聚焦改革发展的难点和瓶颈，积极对接重点工作任务，强化保障执行，营造了齐抓共管的良好氛围。建立"勇强当"活动清单，将项目承包模式创新、处僵治困、提质增效、国企改革三年行动、对标世界一流等重点工作任务纳入其中，推动重点工作顺利推进。在经营开发方面，立足"建一项工程、树一座丰碑、拓一方市场"的原则，构建了"党建+经营"新格局；在项目管理方面，坚持以劳动竞赛、"创岗建区""党员先锋队"活动为载体，提升了安全质量、施工生产、信誉评价、二次经营和清收清欠工作质量，推动了项目管理和创效水平的提升。2020 年，在疫情防控和经济下行等多重压力下，中铁五局各项经济指标逆势增长，实现新签合同额 1700 亿元，营业额 710 亿元，经营性现金流由负转正。

党的十八大以来，中铁五局队伍素质显著增强。领导干部勇于担当、基层党组织强力作为和党员争当先锋的模范作用充分发挥。在"勇强当"活动的引领带动下，各级党组织深入开展党员科技创新工作室、劳模创新工作室、青年创新创效等活动，进一步激发了广大党员和技术人员的创新创造热情；各级党组织把“勇强当”活动作为锤炼人才的平台和载体，通过开展技术攻关、岗位练兵、导师带徒等活动，在京张、成贵、银西、蒙华等条件艰苦、问题复杂、困难突出的重难点项目和生产经营一线，各类人才在实践锻炼中竞相成长，为企业高质量发展提供了有力的人才支撑。开展了“三亮三比三评”等活动，推动党员亮身份、亮承诺、亮成效，比学习、比奉献、比服务，通过领导点评、党员互评、群众测评进行综合评价，推动全局每一名党员领导干部处处彰显“勇担当”的精神，每一个基层党组织都成为“强作为”的前沿阵地，每一个党员都成为“当先锋”的表率。

党的十八大以来，中铁五局品牌形象持续提升，彰显了“中国建造 铁肩担当”的责任央企良好形象。“勇强当”活动实施以来，中铁五局党委先后打造了“敢于胜利、勇争第一”的项目精神、“传承引洱入宾精神、铸就滇中引水丰碑”党建活动等一批具有五局特色和较强影响力的基层党建工作品牌。各级党组织将“勇强当”活动作为提升企业软实力的重要手段，突出特色、凝神聚魂，有力支撑了“中国中铁五局”的品牌形象。在京张、张吉怀、成昆、蒙华、西察等一大批国家重大基础设施建设和重难点工程建设中，让党旗高高飘扬在施工生产一线，得到了业主和地方政府的高度肯定。

在脱贫攻坚战役中，中铁五局先后选派10余名优秀干部参与贵州、湖南的定点帮扶工作，大力推进教育扶贫、消费扶贫、产业扶贫，累计投入扶贫资金近千万元，通过投入资金、产业帮扶、采购农副产品、村容村貌整治等进行定点扶贫工作，所帮扶的扶贫点均按期脱贫交出了一份满意的成绩单。代表中国中铁党委向湖南汝城县沙洲村捐赠710条被子，延续了“半条被子”的故事，彰显了中央企业的社会责任。同时大力弘扬脱贫攻坚精神，坚持“四个不摘”，巩固脱贫攻坚成果，继续选派优秀干部挂职和驻村，继续做好乡村振兴的大文章。在各地发生洪涝、地震等自然灾害以及重大事件中，坚持人民至上、生命至上，积极参与抢险救援，彰显央企责任担当。特别在抗击新冠肺炎疫情斗争中，在医疗救治、复工复产、防疫物资保障等方面都发挥了积极作用。

赓续红色血脉，矗立精神丰碑。

2022 年 6 月 27 日，在中国中铁党委庆“七一”表彰大会暨党建思想政治工作会议上，中铁五局“开路先锋”文化馆被命名为首批中国中铁“开路先锋”文化教育基地。这也是近年来，中铁五局传承红色基因，加强文化建设取得的重大成果。

中铁五局“开路先锋”文化馆位于长沙总部办公大楼，总建筑面积达 830 余平方米，共分为“印象篇、历程篇、成就篇、党建篇、愿景篇”五个篇章。文化馆主题鲜明、内涵丰富，充分体现中铁五局“开路先锋”文化理念。

印象篇，主要展示中铁五局“开路先锋”文化的由来、“开路先锋”文化理念体系、中铁五局赋、企业精神，以及重难点工程项目建设精神等内容，并借助竹简、浮雕、视频等形式，浓缩呈现了中铁五局七十多年的巨大发展成就。

历程篇，设计制作新中国第一条铁路——成渝铁路施工作业场景还原(雕塑)、中铁五局“开路先锋”文化发展历程卷轴等内容，以历史老照片、老物件、平面展板、视频等形式展示了中铁五局“开路先锋”文化孕育、塑形、淬炼、引领四个阶段的丰富内涵。

成就篇，主要展示企业荣誉、综合实力、业务领域三大板块内容，通过智能机器人讲解、信息化远程智能交互系统、双屏互动、桥隧路基施工沙盘、盾构机模型、平面展板、触摸视频等多种形式，呈现中铁五局企业管理、经营开发、项目管理、科学发展的辉煌业绩。

党建篇，主要展示中铁五局政治引领、从严治党、群团活动、社会责任、先进楷模等五个方面的内容。厅内还设置了航船模型展台、抗疫物件展柜、“半条被子”物件展柜等。

愿景篇，自年初开馆以来，中铁五局“开路先锋”文化馆以其内容丰富、特色鲜明，吸引力、感染力强，得到了来访客人和企业员工的广泛赞誉。

持续赓续红色基因，勇当新时代“开路先锋”。

2022 年 7 月 1 日，在全国上下通过各种形式庆祝中国共产党成立 101 周年的喜庆日子里，中铁五局采取主会场加视频分会场的形式举行隆重的中铁五局

“开路先锋”精神谱系发布仪式。中铁五局党委书记、董事长蒲青松出席仪式并讲话，党委副书记、总经理田波致中铁五局“开路先锋”精神谱系发布词。

70年前的今天，中铁五局参建中华人民共和国成立后修建的第一条铁路——成渝铁路建成通车；52年前的今天，中铁五局参建的老成昆铁路建成通车。在这个特别值得纪念的日子里，隆重发布中铁五局“开路先锋”精神谱系，追忆光辉岁月，传承红色基因，激发奋进力量，活动意义重大而深远。

跨越时空精神不灭，强根铸魂使命担当。回首七十余年的峥嵘岁月，中国中铁五局始终坚持党的领导，在服务国家战略，特别是在铁路建设事业中，高擎“开路先锋”大旗，南征北战，顽强拼搏，持续传承红色基因。接续奋斗在市场的搏击中发展壮大。砥砺奋进在时代的潮流中根骨渐强。风雨兼程、攻难克险，铸就了一部自力更生、艰苦奋斗的创业史；胸怀祖国、豪情壮志，铸就了一部大气磅礴、波澜壮阔的建设史；不畏艰险、顽强拼搏，铸就了一部敢于担当、勇争第一的奋进史，形成了一座座精神丰碑，构筑起了中铁五局“开路先锋”精神谱系。根植于历史沃土，反映时代特征的“开路先锋”精神红色基因也深深地融入中国中铁五局的血脉之中，成为新时代中国中铁五局人最鲜明的奋斗底色和最独特的精神传承。深入挖掘中铁五局人感天动地、气壮山河的精神史诗，全面总结提炼中铁五局“开路先锋”精神谱系，拍摄制作重点工程建设系列纪录片，把七十多年形成的优良传统、精神风貌传承下去、发扬光大，具有非常重要的历史和现实意义。

2022年是喜迎党的二十大胜利召开之年，是决胜改革三年行动的关键之年，也是中铁五局建设成为中国中铁“王牌工程局”的起步之年。中铁五局发布“开路先锋”精神谱系，就是要坚定文化自信，推动文化强企，达到传承优良传统，激发精神力量的目的。就是要使之成为企业发展历史和企业文化建设中最为耀眼的记忆，使之成为全体五局人共同的精神家园，使之成为持续赓续红色基因，勇当新时代“开路先锋”最为生动的根和魂。就是要引领全局广大干部职工高擎“开路先锋”大旗，传承“开路先锋”文化，以更加昂扬的斗志、进取的精神、务实的作风，奋发建设中国中铁王牌工程局，以优异的成绩喜迎党的二十大胜利召开。

发布仪式上，要求全局各单位要赓续传承“开路先锋”精神，厚植爱党爱国爱企情怀，筑牢企业发展根和魂。要以习近平新时代中国特色社会主义思想为指导，以“喜迎二十大、奋进新征程、永远当先锋”为主题，广泛开展形式多样的宣传教育活动，生动展示新时代中铁五局改革发展和党建工作的成果成效，进一步激励和动员广大党员干部职工更加紧密地团结在以习近平同志为核心的党中央周围，不忘初心、牢记使命、锐意进取、勇毅前行，奋发建设中国中铁王牌工程局，以优异的成绩喜迎党的二十大胜利召开；要赓续传承“开路先锋”精神，准确把握“开路先锋”精神谱系的丰富内涵；要通过传统手段与新媒体平台的有机融合，组织开展广泛性、群众性的“开路先锋”文化宣讲活动，教育引导全局广大干部职工持续传承红色基因，在各自岗位上勇当先锋、勇争一流、勇创效益；要播放开路“先锋精神”精神系列纪录片，唱响《开路先锋》司歌，打造“开路先锋”文化长廊、文化墙，形成全员参与、认同、践行“开路先锋”文化的良好氛围，激发员工对“开路先锋”文化的认同感、归属感，真正转化为全体员工的自觉认同和自觉行动；要赓续传承“开路先锋”精神，切实发挥“开路先锋”文化引领企业高质量发展的重要作用；要将“开路先锋”文化作为企业经营管理的重要组成部分，着力在强管理、树品牌、提素质、促和谐上下功夫，积聚实力、加快发展，促进企业经济效益、社会效益和员工利益的协调发展；要在重难点的工程项目，持续打造文化建设品牌、持续选树重大先进典型、持续总结提炼新的项目精神、持续丰富中铁五局精神谱系，让红色基因代代传承，红色精神永放光芒。

此次发布的中铁五局“开路先锋”精神谱系包括“逢山开路、遇水架桥”的成渝精神；“敢于奉献、敢于牺牲、敢于攻坚”的成昆精神；“顽强拼搏、依靠科学、团结协作、创新开拓”的衡广精神；“勇闯市场，敢为人先；勇创一流，艰苦奋斗；勇担使命，造福人民”的引洱入宾精神；“为造福人民，勇于攻难克险，甘愿吃苦奉献”的南昆精神；“坚忍不拔、吃苦忍耐、拼搏进取、勇于奉献”的青藏铁路昆仑山精神；“攻坚克难、永不服输、执着坚守”的秀山精神；“勇担重责、勇于奉献、勇争一流、勇攀高峰”的武广精神；“敢于胜利、永争第一”的哈大项目精神；“传承、奉献、创新、引领”的京张高铁建设精神；“勇争第一排头兵、鏖战创新筑精品、坚守奉献促友谊”的中老铁路建设精神。

这些中铁五局“开路先锋”系列精神产生于伟大的建设实践，体现了鲜明的时代特征，彰显了中铁五局长期以来艰苦奋斗的创业精神、无私奉献的拼搏精神、攻坚克险的奋斗精神。经过一年多的全面梳理、系统采访、精心制作，以参建的重点工程项目精神为主线，构建起了中铁五局成立七十多年以来的“开路先锋”精神谱系。这既是贯彻落实习近平总书记关于“举旗帜、聚民心、育新人、兴文化、展形象”指示批示精神的重要举措，也是落实中国中铁股份公司党委“喜迎二十大、奋进新征程、永远当先锋”主题活动，深入开展局党委“勇当先锋、勇创效益、勇争一流”党建主题实践活动的具体行动，对于赓续红色基因，凝心聚力建设成为中国中铁王牌工程局具有重要意义。

发布仪式上，中铁五局领导授予青年党员代表“开路先锋精神谱系”旗帜。全体党员重温入党誓词，深情高歌《没有共产党就没有新中国》，集体观看“开路先锋”精神系列纪录片，并在“开路先锋”旗帜上签字铭志。远在重庆的六公司还代表基层单位宣读持续传承“开路先锋”精神倡议书。

从硝烟弥漫、艰苦卓绝的革命战争年代，到一穷二白、筚路蓝缕的建设岁月，再到波澜壮阔、惊涛拍岸的改革时代，五局人用血肉之躯、用勤劳智慧，撑起了建设祖国的钢铁脊梁；用无悔青春、用豪迈激情，谱写出逢山开路、遇水架桥的“开路先锋”精神之歌。从铁道部当年改制成功的唯一一家企业，到成为贵州省首家“双百亿”企业，再到建设中国中铁领军企业，中铁五局始终务实履行国有企业的使命与担当，成为国家和“一带一路”基础设施特别是重难点工程建设的开拓者、主力军，以实际行动和厚实成果彰显了中铁五局勇于担当的精神。

投身于实现民族复兴的历史洪流，中铁五局人书写了一个个发展的奇迹，为家国情怀写下最生动的注脚。今天，在实现中华民族伟大复兴的召唤下，在“建设成为中国中铁王牌工程局”的“十四五”新战略目标引领下，五局人将高擎“开路先锋”大旗，持续传承红色基因，大力加强企业党建工作，强根固魂引领发展，从党史学习教育中不断汲取奋进力量，永葆初心使命，继往开来，奋进创新，奋力开创企业高质量发展的新局面、新辉煌，创造无愧于党、无愧于国家、无愧于时代的优异成绩，为把中国中铁建设成为世界一流企业做出更大贡献。

第三章

赓续先进精神
奋进新时代国企高质量发展新征程

2021 年 7 月 1 日，习近平总书记在庆祝中国共产党成立 100 周年大会上指出："过去一百年，中国共产党向人民、向历史交出了一份优异的答卷。现在，中国共产党团结带领中国人民又踏上了实现第二个百年奋斗目标新的赶考之路。"

"十四五"已经开局，全面建设社会主义现代化国家的新征程已经开启，实现中华民族伟大复兴进入了不可逆转的历史进程。作为中国特色社会主义重要物质基础和政治基础的国有企业，如何更好地践行自身的初心和使命，成为国有企业必须要承担起的时代重任。国有企业要能够站得起、冲得上、打得赢，对自身进行准确的政治定位、目标定位及发展定位。特别是要持续传承先进精神，开启奋进新时代国企高质量发展的新征程。

第一节　国务院国资委：全方位总体部署安排落实

党的十八大以来，习近平总书记多次强调“红色基因就是要传承”。国企特别是央企，是国家经济发展的中坚力量，是中国特色社会主义的支柱。2016年习近平总书记在全国国有企业党的建设工作会议上指出：坚持党的领导，是我国国有企业的光荣传统和独特优势，是国有企业的“根”和“魂”。传承红色基因是强根铸魂的根本，是国有企业的重大责任和光荣使命。只有将红色基因传承下去并发扬光大，才能使国有企业保持本色不变，底色鲜红，始终成为中国特色社会主义的重要基础和党执政兴国的强大支柱与依靠力量。

2022年7月1日，第13期《求是》杂志刊发国务院国资委党委书记、主任郝鹏署名文章《新时代国有企业改革发展和党的建设的科学指南》。文章强调，习近平总书记关于国有企业改革发展和党的建设的重要论述，系统宣示了新时代我们党领导和发展国有企业的大政方针、根本原则和重大举措，是新时代国有企业改革发展和党的建设的科学指南，必须深入学习、深刻理解，全面贯彻、长期坚持。

文章指出，党的十八大以来，以习近平同志为核心的党中央高瞻远瞩、统揽全局、把握大势，提出一系列新理念新思想新战略，指导我国经济发展取得历史性成就、发生历史性变革，在实践中形成和发展了习近平经济思想。习近平总书记就国有企业改革发展和党的建设发表的一系列重要讲话、做出的一系列重要指示批示，是习近平经济思想的重要内容。特别是2016年10月10日，习近平总书记出席全国国有企业党的建设工作会议并发表重要讲话，深刻回答了国有企业还要不要、国有企业要不要加强党的建设、怎样加强党的建设等一系列重大理论和实践问题，精辟阐述了为什么要做强做优做大国有企业、怎样做强做优做大国有企业这个重大时代命题。习近平总书记关于国有企业改革发展和党的建设的重要论述，系统宣示了新时代我们党领导和发展国有企业的大政方针、根本原则和重大举措，是新时代国有企业改革发展和党的建设的科学指南，我们必须深入学习、深刻理解，全面贯彻、长期坚持。

文章强调，要坚持党对国有企业的全面领导不动摇。习近平总书记指出：“坚持党的领导、加强党的建设，是我国国有企业的光荣传统，是国有企业的‘根’和‘魂’，是我国国有企业的独特优势。”新征程上，国有企业必须坚持党的全面领导，深刻领会“两个确立”的决定性意义，坚决做到“两个维护”，在思想上政治上行动上同以习近平同志为核心的党中央保持高度一致，坚决贯彻党的基本理论、基本路线和基本方略，牢牢把握正确政治方向，坚定成为我们党赢得具有许多新的历史特点的伟大斗争胜利的重要力量。

要坚持做强做优做大国有企业。习近平总书记强调：“国有企业是中国特色社会主义的重要物质基础和政治基础，是党执政兴国的重要支柱和依靠力量，必须做强做优做大。”新征程上，国有企业必须立足新发展阶段，完整、准确、全面贯彻新发展理念，构建新发展格局，推动高质量发展，促进全体人民共同富裕，坚定不移做强做优做大，更好发挥国民经济“顶梁柱”“压舱石”作用。

要坚持建设中国特色现代企业制度。习近平总书记指出：“坚持党对国有企业的领导是重大政治原则，必须一以贯之；建立现代企业制度是国有企业改革的方向，也必须一以贯之。”新征程上，国有企业必须坚持“两个一以贯之”，充分发挥党委(党组)把方向、管大局、促落实的领导作用，更好发挥董事会定战略、做决策、防风险的作用和经理层谋经营、抓落实、强管理的作用，健全权责法定、权责透明、协调运转、有效制衡的公司治理机制，切实把中国特色现代企业制度优势转化为治理效能。

要坚持加快国有经济布局优化和结构调整。习近平总书记指出：“要按照创新、协调、绿色、开放、共享的发展理念的要求，推进结构调整、创新发展、布局优化，使国有企业在供给侧结构性改革中发挥带动作用。”新征程上，国有企业必须始终聚焦主业、做强实业，加快传统产业转型升级，大力发展战略性新兴产业，打造现代产业链“链长”，切实维护产业链供应链安全稳定，在夯实大国经济根基、服务构建新发展格局中担当更大责任、发挥更大作用。

要坚持强化企业创新主体地位。习近平总书记强调：“创新是引领发展的第一动力，要加强知识、人才积累，不断突破难题、攀登高峰，国有企业要做落实新发展理念的排头兵、做创新驱动发展的排头兵、做实施国家重大战略的排头兵。”新征程上，国有企业必须抓住新一轮科技革命和产业变革带来的战略机遇，充分发挥创新主体作用，积极集聚各类创新要素，加快打造原创技术策源地，当好创新驱动发展的排头兵。

要坚持深化国有企业改革。习近平总书记指出：“谁说国企搞不好？要搞好就一定要改革，抱残守缺不行，改革能成功，就能变成现代企业。”新征程上，国有企业必须坚持以解放和发展社会生产力为标准，坚持政企分开、政资分开、所有权与经营权分离，强化企业市场主体地位，健全市场化经营机制，打造法治国企，不断提高企业经营管理能力和核心竞争力。以高质量建设“一带一路”为重点，引导企业积极稳妥开展国际化经营，是加快国有经济布局优化和结构调整的重要要求。

要坚持加快建设世界一流企业。习近平总书记强调：“加快建设一批产品卓越、品牌卓著、创新领先、治理现代的世界一流企业，在全面建设社会主义现代化国家、实现第二个百年奋斗目标进程中实现更大发展、发挥更大作用。”新征程上，国有企业必须以创新发展引领世界一流，以产业集成支撑世界一流，以开放合作锻造世界一流，以卓越管理夯实世界一流，为提高我国经济实力、科技实力和国际竞争力筑牢坚实基础。

要坚持发挥国有经济战略支撑作用。习近平总书记强调：“国有资本投资运营要服务于国家战略目标，更多投向关系国家安全、国民经济命脉的重要行业和关键领域，重点提供公共服务、发展重要前瞻性战略性产业、保护生态环境、支持科技进步、保障国家安全。”新征程上，国有企业必须牢记“国之大者”，推动国有资本更多投向关系国计民生的重要领域和关系国家经济命脉、科技、国防、安全等领域，在解决发展不平衡不充分问题和人民群众急难愁盼问题上持续发力，为实现第二个百年奋斗目标、实现中华民族伟大复兴提供有力的战略支撑。

要坚持加强国有资产监管。习近平总书记指出：“要加强监管，坚决防止国有资产流失。”新征程上，国资监管系统必须坚定制度自信，全面履行职责，深入推进经营性国有资产集中统一监管，切实增强国资监管的系统性、针对性、有效性，有力维护国有资产安全和国有资本权益。

要坚持加强国有企业党的建设。习近平总书记强调：“在深化改革中，要坚持和落实党的建设和国有企业改革同步谋划、党的组织及工作机构同步设置、党组织负责人及党务工作人员同步配备、党建工作同步开展，实现体制对接、机制对接、制度对接和工作对接，确保党的领导、党的建设在国有企业改革中得到体现和加强，坚决防止以深化改革为名，在一片加强声中弱化党的领导、削弱党的建设。”新征程上，国有企业必须持续深化贯彻落实习近平总书记在全国国有企业党的建设工作会议上的重要讲话精神，坚持党的领导与公司治理有机统一、党管干部人才与市场化选人用人有机统一、党组织设置与企业组织架构运行有机统一、思想政治工作和企业文化建设有机统一、党内监督与出资人监督和企业内控机制有机统一、党建责任与经营责任有机统一，以高质量党建引领保障企业高质量发展。

文章最后强调指出，习近平总书记关于国有企业改革发展和党的建设的重要论述具有强大的真理力量和实践伟力，开辟了我们党领导国有企业的新境界，指引新时代国有企业发生了根本性、转折性、全局性的重大变化。党的十八大以来，特别是全国国有企业党的建设工作会议以来，党对国有企业的全面领导、企业党的建设切实加强，国资监管体制得到系统性重塑，企业发展方式发生深刻转变，国企改革向纵深推进，企业科技创新取得重大突破，企业高质量发展迈出坚实步伐；国有企业在推动经济社会发展、抗击新冠肺炎疫情的大战大考中“顶梁柱”作用充分彰显，在落实国家重大战略、服务构建新发展格局中主力军作用充分发挥，在承担急难险重任务、保障和改善民生中姓党为民政治本色充分体现。

踏上新征程，国有企业要深入学习领会习近平经济思想，认真贯彻落实习近平总书记关于国有企业改革发展和党的建设的重要论述，坚持党对国有企业的全面领导，坚定不移做强做优做大国有企业，充分发挥国有经济主导作用和战略支撑作用，加快建设世界一流企业，为全面建设社会主义现代化国家、实现第二个百年奋斗目标做出新的更大贡献。

党的十八大以来，以习近平同志为核心的党中央胸怀“两个大局”，洞察时代大势，立足新发展阶段，贯彻新发展理念，构建新发展格局，引领中国经济巨轮沿着高质量发展新航道攻坚克难、破浪向前，为实现中华民族伟大复兴奠定更为坚实的物质基础。

高质量发展。是新时代中国经济发展的鲜明主题，是“十四五”乃至更长时期我国经济社会发展的主题，关系我国社会主义现代化建设全局。高质量发展不只是一个经济要求，而是对经济社会发展方方面面的总要求；不是只对经济发达地区的要求，而是对所有地区发展都必须贯彻的要求；不是一时一事的要求，而是必须长期坚持的要求。

2016 年 10 月，习近平总书记在全国国有企业党的建设工作会议上指出，国有企业是中国特色社会主义的重要物质基础和政治基础，是中国特色社会主义经济的“顶梁柱”。要“坚持党对国有企业的领导不动摇，发挥企业党组织的领导核心和政治核心作用，保证党和国家方针政策、重大部署在国有企业贯彻执行”，推进高质量发展。国有企业特别是中央企业必须发挥“顶梁柱”和“压舱石”的作用。2022 年第 2 期《党建》杂志刊发国务院国资委党委书记、主任郝鹏的署名文章《深入学习贯彻习近平新时代中国特色社会主义思想　扎实推动国资央企高质量发展》。文章强调，国资央企要深入学习贯彻习近平新时代中国特色社会主义思想，坚持稳中求进工作总基调，立足新发展阶段，完整、准确、全面贯彻新发展理念，构建新发展格局，推动高质量发展，更加扎实做好中央企业改革发展和党的建设工作，为做好“六稳”“六保”工作、稳定宏观经济大盘、保持经济运行在合理区间、保持社会大局稳定做出更大贡献，以实际行动迎接党的二十大胜利召开。

文章指出，党的十九届六中全会是在建党百年重要历史时刻，召开的一次具有里程碑意义的历史性会议。习近平总书记在全会上发表的重要讲话和全会审议通过的《中共中央关于党的百年奋斗重大成就和历史经验的决议》(以下简称《决议》)贯通历史、现在、未来，是新时代中国共产党人牢记初心使命、坚持和发展中国特色社会主义的政治宣言，是我们党在新时代团结带领人民以史为鉴、开创未来、实现中华民族伟大复兴的行动指南。我们要深入学习贯彻党的十九届六中全会精神和习近平总书记重要讲话精神，不断从党的百年奋斗历程中汲取智慧和力量，切实增加历史自信、增进团结统一、增强斗争精神，在新征程上更好推动国资央企高质量发展。

文章强调，要深刻认识“两个确立”的决定性意义，自觉担负“两个维护”重大政治责任。文章指出，坚强的领导核心和科学的理论指导，是关乎党和国家前途命运、党和人民事业成败的根本性问题。《决议》提出，党确立习近平同志党中央的核心、全党的核心地位，确立习近平新时代中国特色社会主义思想的指导地位，反映了全党全军全国各族人民共同心愿，对新时代党和国家事业发展、对推进中华民族伟大复兴历史进程具有决定性意义；“两个确立”决定性意义的提出，具有充分的实践依据和理论依据，是我们党历史经验的深刻凝练。实践证明，正是因为有习近平总书记的掌舵领航，全党才有了“顶梁柱”，中国人民才有了“主心骨”；正是因为有习近平新时代中国特色社会主义思想的科学指引，全党全军全国各族人民才有了思想上的“定盘星”、行动上的“指南针”。

文章指出，对忠诚拥护“两个确立”、坚决做到“两个维护”，国资央企广大干部职工有着深厚的政治感情和坚实的实践基础。新时代国资央企实现的一切变革、取得的一切成就，根本在于有习近平总书记作为党中央的核心、全党的核心掌舵领航，在于有习近平新时代中国特色社会主义思想的科学指引。国资央企广大干部职工由衷地拥戴核心、信赖核心、忠诚核心、维护核心，坚持用习近平总书记关于国有企业改革发展和党的建设重要论述统领全部工作。

文章强调，要从党的百年奋斗历史经验中深化认识新时代做好国资央企工作规律。一是牢牢把握党对国有企业的全面领导、坚决做到“两个维护”这个重大政治原则，确保国有企业和国有资产牢牢掌握在党的手中。二是牢牢把握习近平新时代中国特色社会主义思想这个根本指导思想，推动国资央企事业始终朝着正确方向前进。三是牢牢把握以人民为中心这个根本立场，让国有企业改革发展成果更公平更广泛惠及人民。四是牢牢把握做强做优做大国有资本和国有企业这个战略任务，增强国有经济竞争力、创新力、控制力、影响力和抗风险能力。五是牢牢把握建立中国特色现代企业制度这个制度根基，坚定走好中国特色国有企业改革发展道路。六是牢牢把握产业报国、发展壮大实体经济这个重要使命，建立现代产业体系、筑牢大国经济根基。七是牢牢把握高水平科技自立自强这个战略基点，打造高质量发展的强大引擎。八是牢牢把握社会主义市场经济这个改革方向，不断增强国有企业活力动力。九是牢牢把握国有资产监管这个重要保障，有效防止国有资产流失、促进国有资产保值增值。十是牢牢把握加强国有企业党的建设这个根本保证，以高质量党建引领和保障企业高质量发展。

文章要求，要扎实推动国资央企改革发展和党的建设各项工作再上新台阶、再创新佳绩。一是突出抓好稳增长，当好国民经济的“稳定器”“压舱石”。二是决战决胜国企改革三年行动，当好全面深化改革的排头兵。三是加快打造原创技术策源地，当好科技创新的国家队。四是坚持党的领导、加强企业党的建设，以高质量党建引领保障企业高质量发展。

第二节 中国中铁：永葆初心 勇担使命 争创一流业绩

“十四五”是开启全面建设社会主义现代化国家新征程、向第二个百年奋斗目标进军的第一个五年，党的十九届五中全会擘画了“十四五”时期经济社会发展的宏伟蓝图，对国企改革做出了新的部署。准确把握好发展形势，谋划好“十四五”发展思路，对于中央建筑施工企业中国中铁站在新的历史起点上接续奋斗、更好成为“两个基础”意义重大。

2021 年 1 月 26 日，中国中铁三届二次职代会暨 2021 年工作会召开。会议以习近平新时代中国特色社会主义思想为指导，全面贯彻党的十九大、十九届二中、三中、四中、五中全会和中央经济工作会、中央企业负责人会议精神，总结 2020 年和“十三五”工作，分析当前和今后一个时期面临的形势，研究部署“十四五”和 2021 年工作，动员全系统广大干部员工砥砺初心使命，立足新发展阶段，坚持新发展理念，融入新发展格局，奋力担当作为，在胸怀“两个大局”中勇当重大基础设施建设的国家队、重大发展战略的顶梁柱、民族伟大复兴的主力军，在心系“国之大者”中争做深化国企改革的先行者、企业高质量发展的排头兵、创新驱动发展的领头雁，奋力谱写新时代“开路先锋”精神新篇章，为加快建设世界一流企业继续努力奋斗，以更加优异的成绩庆祝建党 100 周年！

“十四五”期间中国中铁的总体工作思路：以习近平新时代中国特色社会主义思想为指导，全面贯彻党的十九大和十九届二中、三中、四中、五中全会精神，立足新发展阶段，贯彻新发展理念，融入新发展格局，坚持稳中求进工作总基调，以推动高质量发展为主题，以转型升级为主线，以改革创新为根本动力，以满足人民群众日益增长的美好生活需要为根本目的，推进企业治理体系和治理能力现代化，不断增强竞争力、创新力、控制力、影响力、抗风险能力，加快建设世界一流企业，为实现第二个百年奋斗目标和中华民族伟大复兴的中国梦做出更大贡献。

实现“十四五”战略目标，必须要聚焦“一大任务”，坚持“两项原则”，守住“三条底线”，实现“四强五优”，统筹做好“六项工作”。

聚焦“一大任务”，即坚持高质量发展，建设世界一流企业；坚持“两项原则”，即贯彻“两个一以贯之”要求、统筹发展和质量；守住“三条底线”，即党风廉政建设底线、企业债务风险底线、安全质量环保底线；“四强”，即创新能力强、竞争能力强、抗风险能力强、发展能力强；“五优”，即人才优秀、资产优良、产业优质、业绩优异、文化优胜。统筹做好“六项工作”，就是坚持党的领导，加强党的建设，真正把政治优势转化为治理优势、竞争优势、发展优势；要强化战略管控，坚持战略引领，实现由战略引领企业高质量发展；要深化企业内部改革，激发体制机制活力，形成驱动企业发展的内生动力；要建立与高度的市场化竞争相匹配的现代生产方式和生产关系；要坚持业绩导向，重塑以价值创造、投入产出为核心的绩效考核体系；要着力构建新的增长方式，努力做强做优做大国有资本。

大会强调，中国中铁已经确立了建设具有全球竞争力的世界一流综合型建筑产业集团的奋斗目标，提出了“123456”的工作策略。要实现这些目标任务，就要把习近平新时代中国特色社会主义思想作为一切工作的总纲领、总遵循，就要把习近平总书记关于国有企业改革发展和党建重要论述作为引领高质量发展的“定盘星”“指南针”，在践行习近平总书记系列重要论述中当先锋、走在前。

要全面践行习近平总书记关于“把党的政治建设摆在首位”的重要论述，在贯彻落实总书记重要指示批示和党的决策部署上当先锋、走在前。习近平总书记强调，党的政治建设是党的根本性建设，决定党的建设方向和效果；保证全党服从中央，坚持党中央权威和集中统一领导，是党的政治建设的首要任务。中国中铁要更加旗帜鲜明地讲政治，不断提高政治判断力、政治领悟力、政治执行力，始终在思想上政治上行动上同以习近平同志为核心的党中央保持高度一致。要更加自觉地把“两个维护”作为最高政治原则和根本政治规矩，严肃党内政治生活，不断锤炼对党绝对忠诚、为党履职尽责的政治品格。要深入开展党史学习教育，持续在学懂弄通做实上下功夫，自觉做习近平新时代中国特色社会主义思想的坚定信仰者和忠实实践者。要严格落实“第一议题”制度，把政治能力体现到落实习近平总书记最新重要讲话精神上，体现到用“三个转变”等重要指示批示指导高质量发展上，加强对标对表，为企业找到实现基业长青之道。

要全面践行习近平总书记关于“坚持党对国有企业的领导不动摇”的重要论述，在发挥制度优势、提升治理效能上当先锋、走在前。习近平总书记强调，坚持党对国有企业的领导是重大政治原则，必须一以贯之；建立现代企业制度是国有企业改革方向，也必须一以贯之。要把加强党的领导和完善公司治理统一起来，建设中国特色现代国有企业制度。中国中铁要牢牢把握党的领导这个根本原则，落实党委在公司决策、执行、监督各环节的权责和工作方式，坚持用高质量党建引领高质量发展。要聚焦提高治理效能这一重要目标，进一步厘清党委和董事会、经理层等其他治理主体的责权边界，优化议事规则和程序，提升各治理主体的效率。要抓实抓细基层党建这一工作基点，在全公司持续深入开展“理想信念情怀 爱党爱国爱企”主题活动，以基层项目部为主阵地，以理想信念教育为切入点，牢固树立一切管理到项目、到基层的理念，突出问题导向和目标导向，不搞规定动作，不设时限，探索基层党组织发挥作用的有效途径，力争务实易行、高效管用，努力培养和造就一批有理想信念情怀、爱党爱国爱企的项目管理团队，为实现高质量发展打下坚实基础。

要全面践行习近平总书记关于“国有企业领导人员是党在经济领域的执政骨干”的重要论述，在勇于担当、善作善为上当先锋、走在前。习近平总书记强调，国有企业领导人员是党在经济领域的执政骨干，是治国理政复合型人才的重要来源，肩负着经营管理国有资产、实现保值增值的重要责任，必须做到对党忠诚、勇于创新、治企有方、兴企有为、清正廉洁。中国中铁要坚持党管干部、党管人才原则，严格政治标准，全力培养讲政治的企业家，教育各级领导干部对“国之大者”心中有数，切实增强为党分忧、为国尽责、为民造福的责任感、使命感、紧迫感，在服务党和国家大局中跟得上节奏、合得上节拍、踩得准节点。要弘扬企业家精神，树立正确的选人用人导向，切实把忠诚干净担当的干部选出来、用起来。引导各级领导干部树立正确的业绩观，既要在关键时刻听指挥、拉得出，危急关头冲得上、打得赢，更要把打造企业核心竞争力作为职业追求，踏踏实实做好打基础利长远的工作。要落实“三个区分开来”，为那些敢于担当、踏实做事、不谋私利的干部撑腰鼓劲，让各类干部人才的创造活力竞相迸发、聪明才智充分涌流。

要全面践行习近平总书记关于“坚定不移把国有企业做强做优做大”的重要论述，在深入实施国企改革三年行动上当先锋、走在前。习近平总书记强调，2020—2022年是国企改革关键阶段，要坚持和加强党对国有企业的全面领导，坚持和完善基本经济制度，坚持社会主义市场经济改革方向，抓重点、补短板、强弱项，推进国有经济布局优化和结构调整，增强国有经济竞争力、创新力、控制力、影响力、抗风险能力。当前，中国中铁正处在国企改革三年行动时间过半的关键节点，要以只争朝夕的精神确保各项重点任务有力有序有效推进；要重点加强二级公司董事会和外派董监事队伍建设，大力推进三项制度改革，进一步完善薪酬分配体系；要做实投资公司，明晰业务定位，聚焦优势领域和特定区域，完成市场化改造；要更加注重激发活力，强化二级公司市场主体责任，释放三级公司滚动经营活力，形成齐心协力、团结一致打拼市场的生动局面；要注重产业链协同发展，鼓励支持基层大胆改革创新，以点带面把改革向纵深推进。

要全面践行习近平总书记关于“创新是引领发展的第一动力”的重要论述，始终在创新驱动发展上当先锋、走在前。习近平总书记强调，实施创新驱动发展战略就是要推动以科技创新为核心的全面创新，坚持需求导向和产业化方向，坚持企业在创新中的主体地位；强调中央企业等国有企业要勇挑重担、敢打头阵，勇当原创技术的“策源地”、现代产业链“链长”。中国中铁要制定“可计量、可考核、可检验”的创新贡献度评价标准，推进在实践基础上的管理创新、制度创新、技术创新；要聚焦国家战略，调配优质资源，高质量推进一批原创技术和关键核心技术攻关；要优化创新管理体制机制，促进创新链和产业链有效对接、深度融合，发挥好全产业链优势，提升掌控产业链、调动产业链资源要素、主导产业链协同发展的能力；要加快数字化转型，系统整合企业数据资产，以信息化、智能化、数字化建设助力企业治理效能的明显提升。

要全面践行习近平总书记关于“坚定文化自信”的重要论述，始终在企业文化引领上当先锋、走在前。习近平总书记强调，坚持文化自信是更基础、更广泛、更深厚的自信，是更基本、更深沉、更持久的力量。中国中铁要大力弘扬

“开路先锋”精神和文化，牢牢把握其政治性特征，永葆姓党为民、矢志报国的政治本色；牢牢把握其民族性特征，传承自力更生、艰苦奋斗的优良作风；牢牢把握其时代性特征，培育改革创新、追求卓越的进取意识；牢牢把握其实践性特征，淬炼敢于担当、拼搏奉献的优秀品格。中国中铁要把“开路先锋”文化建设作为传承百年红色基因、团结带领广大干部职工推动企业高质量发展的动力源，从中汲取智慧和力量，接过历史的接力棒，走好新时代的长征路，勇当全面建设社会主义现代化国家的“开路先锋”。

要全面践行习近平总书记关于“加强国有企业党风廉政建设和反腐败工作”的重要论述，在正风肃纪、标本兼治上当先锋、走在前。习近平总书记强调，要加强国有企业党风廉政建设和反腐败工作，把纪律和规矩挺在前面，确保国有企业健康发展。中国中铁要把全面从严治党贯穿于企业改革发展和党的建设全过程，始终坚持严字当头、一严到底；要坚持力度不减、机制不变，高质量推进对二级企业的巡视工作，强化政治监督，充分运用好巡视成果；要巩固拓展作风建设成效，持之以恒落实中央八项规定，深化治理“四风”特别是形式主义、官僚主义，切实为基层减负；要标本兼治、惩治腐败问题，强化关键领域和岗位监督，切实解决企业管理中的突出问题，坚决防止国有资产流失，保证干部队伍廉洁。

2021 年 6 月 28 日上午，中国中铁党委在京隆重召开庆祝中国共产党成立 100 周年暨“七一”表彰大会。深情回顾了中国中铁在党的领导下成长壮大的百年历程。在党的坚强领导下，中国中铁走过了极不容易、极不寻常、极不平凡的百年征程，为民族工业发展、国家基础设施建设和全面建成小康社会做出了重要贡献。中国中铁百年发展史就是一部始终听党话、跟党走的红色光荣史，也是一部始终守初心、担使命的砥砺奋进史，还是一部始终勇当先、争一流的“开路先锋”史。中国中铁的百年征程告诉我们，坚持党的领导、加强党的建设，是我们的“根”和“魂”；每前进一步，都离不开党的理论创新的指导；一切成就都是一代又一代中国中铁人接续奋斗的结果；只要始终把纪律和规矩挺在前面，就能保持强大的凝聚力和战斗力。

大会展望新征程上推动企业高质量发展的光明前景，并针对当前和今后一个时期企业的改革发展和党建工作等提出了明确要求。就是要全面践行习近平总书记关于“把党的政治建设摆在首位”的重要论述，在贯彻落实总书记重要指示批示和党的决策部署上当先锋、走在前；要全面践行习近平总书记关于“坚持党对国有企业的领导不动摇”的重要论述，在发挥制度优势、提升治理效能上当先锋、走在前；要全面践行习近平总书记关于“国有企业领导人员是党在经济领域的执政骨干”的重要论述，在勇于担当、善作善为上当先锋、走在前；要全面践行习近平总书记关于“坚定不移把国有企业做强做优做大”的重要论述，在深入实施国企改革三年行动上当先锋、走在前；要全面践行习近平总书记关于“创新是引领发展的第一动力”的重要论述，始终在创新驱动发展上当先锋、走在前；要全面践行习近平总书记关于“坚定文化自信”的重要论述，始终在企业文化引领上当先锋、走在前；要全面践行习近平总书记关于“加强国有企业党风廉政建设和反腐败工作”的重要论述，在正风肃纪、标本兼治上当先锋、走在前。全公司广大党员干部要更加紧密团结在以习近平同志为核心的党中央周围，全面践行习近平新时代中国特色社会主义思想，增强“四个意识”、坚定“四个自信”、做到“两个维护”，以高质量党建引领高质量发展，加快建设世界一流企业步伐，在全面建设社会主义现代化国家的新征程上奋力谱写中国中铁新篇章！

当天下午，中国中铁党委在京召开了思想政治工作会议、基层党建推进会议。深入学习贯彻习近平新时代中国特色社会主义思想和党的十九大和十九届二中、三中、四中、五中全会精神，强调要深化落实全国国有企业党的建设工作会议精神，坚定不移坚持党的领导、加强党的建设，全面提高企业党建工作质量，进一步推动党建工作与生产经营深度融合，为加快建设世界一流企业厚植独特优势提供坚强保证。

大会回顾过去两年来，全公司各级党组织深入学习贯彻习近平新时代中国特色社会主义思想，大力加强基层党建工作，取得的显著成效。即坚持以党的政治建设为统领，增强“四个意识”，坚定“四个自信”，做到“两个维护”，用实际行动书写中国中铁的忠诚和担当；坚持以思想建设为基础，强化理论武装，用良好业绩彰显奋斗者的爱党爱国爱企情怀和荣光；坚持“四同步”“四对接”，确保在深化企业改革中坚持党的领导、加强党的建设；坚持“两个一以贯之”，中国特色现代国有企业制度建设取得实质性进展；坚持党管干部、党管人才原则，着力建设高素质专业化干部人才队伍；坚持从基本组织、基本队伍、基本制度严起，基层党组织建设不断加强；坚持大力弘扬“开路先锋”企业文化，进一步擦亮了中国中铁的政治本色和品牌底色；坚持纵深推进全面从严治党，为企业改革发展护航赋能；坚持落实党建工作责任，各级党组织和党员干部抓党建、强党建的主责主业、主角主动意识显著增强；坚持党建带工建、带团建，汇聚了企业高质量发展的澎湃力量。

大会强调，要深刻学习领会习近平总书记关于国企地位作用的重要论述，进一步坚定建设世界一流企业的信心决心；要深刻学习领会习近平总书记关于国企强根固魂的重要论述，进一步把牢企业改革发展的正确方向；要深刻学习领会习近平总书记关于党的组织路线的重要论述，进一步巩固好发展好发挥好党的组织优势；要深刻学习领会习近平总书记关于“两个一以贯之”的重要论述，进一步加快建设中国特色现代国有企业制度；要深刻学习领会习近平总书记关于国有企业领导人员队伍建设的重要论述，进一步提高各级领导干部政治素养和专业水平；要深刻学习领会习近平总书记关于基层党建“三基建设”的重要论述，进一步夯实企业党建工作基础；要深刻学习领会习近平总书记关于宣传思想工作的重要论述，进一步唱响主旋律、壮大正能量；要深刻学习领会习近平总书记关于党风廉政建设和反腐败工作的重要论述，进一步推动全面从严治党向纵深发展。

要以高度的政治自觉和强烈的使命担当推动企业党建工作质量全面提升，以高质量党建引领保障企业高质量发展。牢牢抓住政治建设这个根本，不断增强践行“两个维护”的思想自觉和行动自觉；牢牢抓住思想教育这个关键，持续强化理论武装锻造爱党爱国爱企情怀；牢牢抓住“两个一以贯之”这个原则，不断推进中国特色现代国有企业制度建设；牢牢抓住正确选人用人这个导向，着力建设高素质专业化干部人才队伍；牢牢抓住打造坚强战斗堡垒这个基础，切实推动基层党组织全面进步、全面过硬；牢牢抓住营造风清气正环境这个基调，持续推进党风廉政建设和反腐败斗争；牢牢抓住宣传文化这个阵地，提升企业品牌形象和文化软实力；牢牢抓住“抓党建必须抓责任制”这个牛鼻子，全面压实管党治党政治责任。

要以新气象新作为新担当不断推动党建工作与业务工作深度融合，从政治站位、理念思路、工作机制、能力水平、状态作风等方面，对标对表习近平总书记有关重要论述，力戒“两张皮”。要坚持政治站位与职责定位有机融合；要坚持着眼事业与拓宽视野有机融合；要坚持思想重视与完善工作机制有机融合；要坚持“理解深”与“做得实”有机融合；要坚持“高标准”与“高质量”有机融合；要坚持“过程论”与“结果论”有机融合；要坚持“看到人”与“抓住事”有机融合；要坚持致力“出活”与防止“出事”有机融合。

要抓好党史学习教育，认真学习贯彻习近平总书记在“七一”庆祝大会上的重要讲话精神；要全力掀起施工生产高潮，真抓实干，奋勇争先，确保今年各项任务圆满完成、超额完成；要全力做好安全生产和信访维稳工作，解决防控新冠疫情、安全质量、信访维稳等各类风险，切实维护好企业的和谐安定，确保万无一失。全公司广大党员干部要乘新时代东风、做奋斗担当者，不忘初心、牢记使命，全面提升全公司党建工作质量和水平，在建设世界一流企业的伟大征程中，书写以高质量党建引领保障企业高质量发展的精彩篇章！

第三节 新时代先进精神：守正创新 持续传承

党的十八大以来，习近平总书记在多个场合反复强调，“让红色基因代代相传”“把红色资源利用好、把红色传统发扬好、把红色基因传承好”。红色基因下的国企精神是国有企业赖以生存和发展的精神支撑，它在战争硝烟中孕育，在国家建设中发展，在改革开放中丰富，在新时代传承，其生命在于实践，伟力也藏于实践。

每个走向复兴的民族，都离不开价值追求的指引；每段砥砺奋进的征程，都必定有精神力量的支撑。红色基因下的国企精神是凝心聚力的兴企之魂、强企之魂，是伟大中国精神的集中缩影。这种精神，是从风雨中锤炼出来的，不仅在应对灾难时显示出磅礴的力量，同样也是培育世界一流企业、助力实现中华民族伟大复兴的中国梦的强大内核动力。

国企姓党，国企为国。红色是国有企业的“底色”“基因”和“本色”。传承红色基因，牢记初心使命，既是国有企业强根铸魂肩负的重大责任和光荣使命，也是国有企业党的思想文化建设的重大政治任务，更是国企开创新时代各项工作新局面的精神支柱和力量源泉。只有将红色基因传承下去并发扬光大，才能使国有企业保持本色不变，底色鲜红，始终成为中国特色社会主义的重要基础和党执政兴国的强大支柱与依靠力量。

新时代新征程、新使命新担当。开启新征程，传承红色基因，是新时代赋予国资国企的庄严历史使命，是持续推动企业高质量发展的精神动力和内生活力。国有企业要深入学习贯彻习近平总书记关于传承弘扬红色基因的重要指示精神，学习好、传承好、弘扬好国有企业红色基因和先进精神，切实转化为强大动能，增强履职尽责的责任感、使命感，接好历史的接力棒，走好新时代的长征路，不断把国资国企特别是央企事业推向前进。

“守正创新，守正为基”。国资央企守正创新持续传承新时代红色基因，首要是守正，坚持正确导向，守好思想高地。就是要始终把党的政治建设摆在首位，坚持党的全面领导，坚持全面从严治党。以新时代党的创新理论为指导，增强“四个意识”、坚定“四个自信”、做到“两个维护”，始终引领和保障企业改革发展沿着正确的方向前行。就是要旗帜鲜明，立足实际，始终坚持以党的旗帜为旗帜，以时代的方向为方向，不断在巩固壮大主流思想舆论上下功夫，切实守卫好红色基因传承的思想高地；就是要按照党史学习教育“守初心、担使命、找差距、抓落实”的总要求，坚持学原著悟原理。从党的历史传统中汲取营养，赓续共产党人精神血脉，把红色基因融入血脉，筑牢信仰基石，切实做到讲政治有信念、讲规矩有纪律、讲道德有品行、讲奉献有作为；就是要时刻保持清醒头脑，坚守政治灵魂，自觉增强斗争意志，始终保持革命者的大无畏奋斗精神，迎接前所未有的各种复杂挑战。

“守正为基，创新为要”。国资央企守正创新持续传承新时代红色基因，关键是要出新，保持与时偕行，实现创新性发展。就是要着眼于新时代中国特色社会主义文化建设，继往开来，不断吸收中华民族复兴之路上所形成的思想精髓、时代精华，推动红色基因的创新性发展，不断增强红色基因的感召力；就是要大力传承国有企业优良传统，深入挖掘国资央企历史资源、文化资源、红色资源，持续传承弘扬蕴含家国情怀、具有时代特征、体现国企特色的新时代精神，让红色基因得到更好传承；就是要充分创新运用现代科技和数字化手段，不断推动红色基因的形式载体创新，赋予其新的时代内涵和现代表达形式，积极倡导参与式、体验式、互动式的方式方法，不断激活红色基因的生命力；就是要利用企业爱国主义教育基地、工业文化遗产等红色资源，重温红色故事，创作红色作品，举行红色演讲等形式，让广大干部职工在企业的红色奋斗史中，感受光辉历程，坚定信仰力量，以红色精神激发奋进力量，以实际行动传承红色基因，在“十四五”新征程上创造更加辉煌高质量发展业绩。

守正创新持续传承新时代红色基因，必须坚决扛起央企责任担当，奋进新征程，再创新辉煌。就是要始终坚持以习近平新时代中国特色社会主义思想为指引，牢记“国之大者”，始终坚持不忘初心、牢记使命，胸怀国家发展大局，立足企业主业主责，践行央企使命，赓续红色血脉，加速推进具有国际竞争力的世界一流企业建设，为实现第二个百年奋斗目标、实现中华民族伟大复兴的中国梦做出新的更大贡献；就是要立足新发展阶段，贯彻新发展理念，构建新发展格局，认真落实国企改革三年行动方案，深入开展对标世界一流管理提升行动，扎实推动企业高质量发展；就是要贯彻落实党中央重大决策部署，真正把中央精神学深悟透，与企业改革发展紧密结合推动各项重大任务落地做实，转化为治企方略、兴企举措，努力在落实“六稳”“六保”任务、扎实推进“十四五”规划落地等党和国家事业大局中发挥央企“顶梁柱”作用；必须坚持以人民为中心的发展理念，全方位履行好国有企业社会责任担当，在企业发展进程中保障和改善民生，努力满足人民群众和职工群众对美好生活的向往。

守正创新持续传承新时代红色基因，必须坚持培育和践行具有中国特色的国有企业先进文化。就要以社会主义核心价值观为引领，推进企业文化建设、思想政治工作、精神文明创建等工作的一体化。要充分发挥先进企业文化涵养作用，强化全局观、大局观。做实做细思想政治工作，深化形势教育，广泛谈心谈话，以多种方式引领思想、释疑解惑。加大精神文明创建工作力度，鼓起迈进新征程、奋进新时代的精气神；就是要讲好国资央企故事、传播国资央企声音，大力弘扬团结协作、拼搏奋斗精神，进一步筑牢文化根基，凝聚改革发展合力；就是要持续培育激发企业家精神，厚植干事创业沃土，激发干事创业活力，实现员工与企业共同成长、相互成就。要强化先进典型引领作用，大力弘扬劳模精神、劳动精神和工匠精神，加大对劳模等先进人物关爱，发挥荣誉激励作用，积极营造珍惜荣誉、崇尚荣誉和争创荣誉的浓厚氛围，进一步汇聚广大职工群众砥砺奋进的强劲动能，续写新时代劳动者之歌，汇聚推动企业改革发展的强大合力。

“红色江山，热血铸就；红色基因，代代相传。”中国共产党为什么能、马克思主义为什么行、中国特色社会主义为什么好？这些问题的答案，蕴含在我们党的百年奋斗征程中，而关键就在于“红色”二字。奋进在全面建设社会主义现代化国家新征程上，用好红色资源、传承红色基因、赓续红色血脉，在回首中铭记、在缅怀中传承、在开拓中赓续，国有企业就一定能书写出新的壮美华章，铸就永不褪色的红色丰碑！

后　记

《精神之光　照亮奋进路——中国中铁“开路先锋”精神实例》论著一书，以习近平新时代中国特色社会主义思想为指导，以习近平总书记关于红色基因和国有企业的系列重要讲话和重要论述为核心，从党和国家、国有企业和中央建筑施工企业三个层面，全面阐述了什么是国有企业的红色基因，红色基因在国有企业是如何传承与践行的，进入新时代新征程国有企业该如何传承红色基因实现高质量发展。既有理论成果梳理，也有实践案例分析，还有持续推进思考，形成了比较系统全面、注重严谨准确的论著成果。

本论著三个层面的章节，以“新民主主义革命时期、社会主义革命和建设时期、改革开放和社会主义现代化建设新时期、党的十八大以来中国特色社会主义进入新时代”这四个党和国家发展的历史阶段划分为顺序，以《习近平论党的宣传思想工作》《习近平谈治国理政》以及《社会主义发展简史》《中华人民共和国简史》《改革开放简史》《中国工运史》《党的十九届六中全会〈决议〉学习辅导百问》等重要文献、历史资料、学习读本为根本，以国务院国资委、中国铁路、中国交通、中国中铁、中国航天、中国兵器等官网、官媒、史志、新媒体作品，以及新华社、《人民日报》、央视等中央级各大媒体关于对国有企业的重大宣传报道为依据，以百年中央建筑施工企业中国中铁股份有限公司的发展历程、红色基因“开路先锋”精神的形成脉络、为党和国家事业发展做出的巨大贡献等为基础，编排纲目章节、梳理逻辑结构、围绕章节中心、精细重点阐述，将相关内容时间节点表述至2022年6月底，最终形成了3大篇章、9小章节共10万余字的论著。

本论著在撰写过程中，也参阅借鉴了《国资报告》杂志《中国共产党人精神谱系中的国企精神》、重庆社会科学《红色基因视角下国企精神的内涵属性及实践特质》(王志江)、人民论坛《国有企业红色文化的生成逻辑及价值内涵》(李秀梅)、国企党史党课《红色精神：照耀新时代国企前进的灯塔》等文章的部分成果。同时，还得到了中国中铁股份有限公司党建思想政治工作研究会的关心和支持，在此一并表示感谢！

在本论著的编写过程中，尽管作者是一名多年从事宣传思想文化工作的中央建筑施工企业高级政工师，但站位国有企业的高度还不够高，仅从本企业的角度和实例来重点阐述和论证“精神之光　照亮奋进路”，仍是不够系统全面，有些偏颇和一概而论，不妥之处在所难免，欢迎读者批评指正。

编著者

2022 年 10 月

图书在版编目(CIP)数据

精神之光 照亮奋进路：中国中铁“开路先锋”精神实例／袁蓉生著．—长沙：中南大学出版社，2023.8

ISBN 978-7-5487-5384-1

Ⅰ．①精… Ⅱ．①袁… Ⅲ．①中铁股份有限公司—企业发展—概况 Ⅳ．①F532.6

中国国家版本馆 CIP 数据核字(2023)第 094607 号

精神之光 照亮奋进路

——中国中铁“开路先锋”精神实例

JINGSHEN ZHIGUANG ZHAOLIANG FENJIN LU

——ZHONGGUO ZHONGTIE “KAILU XIANFENG” JINGSHEN SHILI

袁蓉生 著

□出 版 人 吴湘华
□责任编辑 浦 石
□责任印制 唐 曦
□出版发行 中南大学出版社
社址：长沙市麓山南路 邮编：410083
发行科电话：0731-88876770 传真：0731-88710482
□印 装 长沙创峰印务有限公司

□开 本 787 mm×1092 mm 1/16 □印张 9 □字数 149 千字
□版 次 2023 年 8 月第 1 版 □印次 2023 年 8 月第 1 次印刷
□书 号 ISBN 978-7-5487-5384-1
□定 价 58.00 元

图书出现印装问题，请与经销商调换